리더십과 상호작용

민웅기 저

기문사
www.kimoonsa.co.kr

머리말

본격적인 포스트모던 시대를 맞이하여 우리 사회는 다방면에 걸쳐 다양한 조직을 형성하고 있다. 대부분의 사람들은 각자의 공동체에 포함되어 자신의 욕망과 목적을 실현하면서 삶을 영위하고 있다. 한편 그렇게 인간이 속한 조직이 아무리 평등한 위계 구조를 갖추고 있다고 하더라도 조직 내에는 어느 정도의 권력, 권한 및 권위 등에 의한 계급적, 계층적 층위가 존재하기 마련이다. 따라서 인간이 궁극적으로 자신이 원하는 가치를 실현하기 위해서는 서로 다른 사회적 위치에 있는 조직 내 사람들과의 원활한 상호작용이 이루어져야 한다. 사람들은 자신이 속한 조직이 지향하는 목표와 스스로가 바라는 삶의 목표를 함께 달성하기 위해 공동체 내에서 여러 가지 형태의 상호작용을 하는 것이다.

조직은 이들 목표를 달성하기 위해 조직구성원들이 자발적으로 자신의 역량을 발휘해주기를 바란다. 그 노력의 결과로 얻게 되는 자원의 배분을 통해 조직에서 일하는 사람들은 자신이 행하는 과업에 대해 충분한 동기부여를 받게 된다. 조직은 다수의 조직구성원들이 조직의 통일된 목표 달성을 위해 노력하도록 영향력을 발휘해 줄 의사결정 주체를 필요로 한다. 왜냐하면 서로 다른 이해관계로 인한 갈등이 빈번하게 발생할 수 있기 때문이다. 단일한 가치와 행동양식이 점차 의미를 잃어 가고 다양한 의식 및 행위가 빈번하게 나타나고 있는 현대사회에서 특히 사회구성원 각각의 기호를 조율할 수 있는 의사소통 능력을 갖춘 조직구성원이 필요하게 되었다. 이 같은 사회적 필요에 의해서 등장한 개념이 리더와 리더십이다.

현대사회에서 리더는 조직의 목표 설정 및 성취, 자원배분 과정에서 조직구성원에게 강력한 영향력을 행사하게 된다. 그리고 조직 내 리더는 자신에게 주어진 권력, 권한 및 권위 등을 사용하는 과정에서 조직구성원들의 충분한 지지를 확보할 수 있어야 한다. 리더가 일반적인 권력 행사를 통해 리더십을 발휘하는 것을 넘어서 이러한 자발적인 권한 및 권위를 획득하는 것은 매우 중요한 사회적 기술이다. 그리고 이 능력은 리더에 따라 다르게 내재화되어 있다. 바로 리더의 이러한 구체적 능력에 근거한 행위를 리더십이라고 말할 수 있다.

우리는 살면서 누구나 한 조직 내에서 리더가 될 수도 있고, 일반 조직구성원으로서 리더의 지시와 명령을 받을 수도 있다. 따라서 급변하는 시대적 상황에 맞는 적절한 리더십을 갖추는 일은 어느 한 특정 사람에게만 한정된 문제가 아니라 사회구성원 모두가 관심을 갖고 학습해야 할 사안이라 할 수 있다. 리더십의 이행은 타인과의 원활한 의사소통을 추구하려는 개인의 노력에서부터 시작할 수 있다. 리더십은 이성과 감성을 모두 동원해야 하는 복잡한 상호작용에 기반을 둔 인간의 사회적 행위라 할 수 있다.

이 책에서는 이러한 리더십을 연구하는데 필요한 다양한 주제를 간명하게 분류하여 이를 정리하고자 했다. 리더십의 개념과 특성, 리더십 유형, 리더십 연구 관련 기초이론, 리더십 유지의 기본이 되는 의사소통 영역, 리더십과 권력의 관계, 리더십과 조직문화 및 정치리더십 관련 쟁점들, 리더십에 포함되어야 할 윤리적 가치와 리더의 덕목, 갈등문제 해결을 위한 리더십의 적용 과정 등을 기술했다.

지금까지 진행된 리더십과 관련한 여러 연구 성과들은 우리 인간의 삶에 실질적으로 적용되는 구체적인 지식과 정보를 담고 있다. 리더십에 대한 올바른 이해를 위해서는 자신이 리더가 될 수 있다는 인식에서 시작하여 타인 및 다른 조직과의 관계에서 발생하는 상호작용의 본질을 객관적으로 바라볼 수 있어야 한다. 인간은 자신의 목적을 달성하면서 살아가는 과정에서 타인과의 관계에 대한 끊임없는 성찰이 필요하다. 이 책의 내용이 리더의 올바른 리더십 이행과 인간 및 조직 사이의 원활한 상호작용에 작은 도움이 될 수 있기를 바란다.

2023년 가을을 맞이하며

민웅기

차 례

【참고】 본서는 아래와 같은 원칙에 의해 구성함

– 본서 내용에 대한 인용 출처는 책 마지막 부분에 기술(記述)한 참고문헌 목록에 정리함

1장

리더십의 개념과 특성 및 기능

리더십과 상호작용

1 리더십의 개념과 특성 및 기능

○○●○○

1. 리더십의 개념

사람들은 자신의 욕망과 목적을 스스로 실현하기 위해 조직을 구성하기도 하고, 해당 조직에 속하여 다양한 공동의 행위에 참여하기도 한다. 사람들이 소속되는 조직은 특정 목표를 달성하고 조직에 소속된 구성원들의 욕구를 충족시키기 위해 공동의 목표를 설정한다. 그리고 조직이 추구하고자 하는 바가 달성되면 조직과 개인 간 상호작용과 협력적 노력이 지속적으로 이루어지게 된다. 따라서 조직에 속한 사람들은 자신과 조직 전체가 추구하는 목표를 달성하고자 꾸준하고 지속적인 생산적 상호작용을 위해 노력하게 된다.

바로 이 조직 내에서 중요한 것이 리더(leader)의 역할이다. 리더는 조직이 지향하는 특정 과업과 가치를 실현하기 위한 가장 합리적인 방법이 무엇인지를 고민하고, 그 방법에 부합하는 여러 가지 업무를 이행하게 된다. 이 과정에서 조직은 새로운 변화를 추구하기도 한다. 조직 내 리더는 자신이 수행하는 일을 통해 인간으로서의 정체성을 획득하고, 자신이 이끄는 조직구성원들로부터 인정을 받아야만 한다. 조직구성원 역시 리더의 과업 지시에 포함된 조직의 목표와 방향성을 올바르게 인식하고, 이를 실현하기 위해 노력할 수 있어야 한다.

그렇기 때문에 조직의 리더와 구성원 간 상호작용은 매우 중요하다. 일반적으로 연구되어온 행동과학 입장에서 보면, 리더와 그를 따르는 조직구성원, 그리고 상황이 서로 맞물려 있는 상호작용에 의해 조직의 생존 여부가 결정되기도 한다. 리더는 조직구성원이 처한 상황에 대한 공감 능력을 갖춰야 하며, 목표지향적인 비전(vision)을 적절하게 제시할 수 있어야 한다. 바로 이러한 점 때문에 리더십은 조직이 추구하는 가치 및 목표 달성에 있어서 가장 원초적으로 중요한 요소라 할 수 있다.

한편 리더십(leadership)은 조직의 공동목표를 달성하고 조직구성원의 참여를 촉진하기 위해 영향력을 행사하는 능력으로 구성원에게 조직이 추구하는 바를 이루기 위해 요구되는 과업을 지시하거나 지도하고, 그들의 지지나 복종을 유도해내는 사회적 기술이자 개인 능력이라 할 수 있다. 리더십은 조직의 안팎에서 사람들을 다루는 정치 · 경제 · 사회 · 심리 · 문화적 영역과 리더의 역량에 따라 조직이 추구하는 가치와 목표를 달성해 나가는 다양한 형태의 행위 양식이라 볼 수 있다. 리더는 조직 내에서 리더십을 통해 자신의 역량을 발휘하여 결과에 대한 책임을 지며, 과업을 완수하려는 강한 동기와 목표를 달성하려는 의지가 있어야 한다. 그리고 그 방법론적 구현 과정에서 창의성이나 자신감, 판단력 등을 갖추고 과업 이행 시 결과물이 산출될 수 있도록 해야 한다. 리더는 조직과 집단의 목표 성취에 있어서 리더십을 통해 단순하게 과업 수행을 독려할 뿐만 아니라 궁극적으로는 자신의 가치관이 조직구성원 전체에게 복합적인 영향력을 미칠 수 있다.

이 리더십 개념은 리더의 특성과 함께 리더와 조직구성원 간 상호작용 과정이라는 두 가지 측면에서 구분하여 설명할 수 있는데, 특성론적 관점과 과정론적 관점이 그것이다.

첫째, 특성론적 관점의 리더십은 상이한 리더들이 각자 자신이 보유한 개인적 특성(신장, 지능, 성격, 언어사용능력 등)을 통해 자신을 따르는 조직구성원들에게 영향을 미치는 현상을 설명한다. 즉 리더의 특성 자체가 리더십의 원천이 되며, 리더십 자질은 특정한 사람에게서만 나타날 수 있기 때문에 리더십은 극히 일부 사람들에게 제한된 상태로 구현된다고 본다.

둘째, 리더와 조직구성원 간 발생하는 리더십의 상호작용 과정을 강조하는 시각에서는 리더십은 주로 조직이 운영되는 상황 속에서 나타나고, 리더십 발휘와 영향력 행사는 누구에게나 구현될 수 있다고 본다. 그리고 리더십은 이러한 상호작용 과정에서 자연스럽게 관찰될 수 있으며, 평범한 사람들도 학습을 통해 후천적으로 리더십 함양이 가능하다고 본다. 리더가 조직 내 구성원이 조직의 통일된 목표를 달성하도록 영향력을 행사하는 리더십 과정에 대한 논의는 리더십 개념을 설명하는데 있어서 중요한 부분을 차지한다. 즉 리더십은 주어진 상황 속에서 집단이 추구하는 바를 달성하기 위해 조직구성원에게 영향력을 행사하는 개인 또는 집합적 활동의 일부분으로도 볼 수 있기 때문이다.

지금까지 리더십 개념을 연구한 많은 학자들의 논의를 중심으로 주요 내용을 개관하면 〈표 1-1〉과 같다.

〈표 1-1〉 다양한 학자들의 리더십 개념에 대한 정의

학자	리더십 개념의 정의
Hemphill & Coons(1957)	한 집단의 활동을 공유된 하나의 목표로 집중시키려는 특정한 개인행동
Fiedler(1967)	조직구성원들의 작업을 지시하고 조정하는 것
Stogdill(1974)	사람들이 목표 달성을 지향하도록 집단행동에 영향력을 행사하는 과정
Katz & Kahn(1978)	조직의 일상적 지시에 하위자가 기계적으로 순응하는 것 이상의 결과를 가져오도록 영향력을 행사하는 것
Rauch & Behling(1984)	조직화된 집단 활동에 영향을 미쳐 목표 달성으로 이끄는 영향력을 행사하는 과정
Richards & Engle(1986)	비전을 명확하게 제시하고, 가치관을 구체화하며, 과업이 완수될 수 있는 환경을 창출하는 과정

학자	리더십 개념의 정의
Jacobs & Jaques(1990)	집합적 노력에 목표를 제시하고 목표 달성을 위해 기꺼이 노력하도록 만드는 과정
Yukl(1993)	다른 사람으로 하여금 무엇을 어떻게 해야 할지를 이해하고 공감할 수 있도록 영향을 미치고, 공유된 목적을 달성하기 위해 그들의 노력을 촉진하는 과정
Drath & Palus(1994)	사람들이 이해하고 헌신하게 만들기 위해 사람들이 힘을 합쳐 지금 하는 과업에 대해서 의미를 부여하는 과정
House et al.(1999)	타인에게 영향을 미치고 동기를 부여하며 타인이 조직의 효과성 및 성공을 위해 공헌하도록 능력을 배양하는 개인의 능력
Burns(2000)	한 개인이 자신을 따르는 사람들에게 특정 목적을 달성하기 위한 동기를 유발할 수 있도록 관여하면서 그들을 만족시키기 위해 제도적·정치적·심리적·기타 자원 등을 동원하는 것
Northouse (2019)	공동목표를 달성하기 위해 한 개인(리더)이 집단 구성원들에게 영향을 미치는 과정

자료 : 김윤호(2019), 이학희(2019), 정우일(2006), 한형서(2021)에서 재인용.

2. 리더십의 특성

리더십은 리더가 가진 성격과 특성을 바탕으로 전문적 권위, 상황 및 조건, 사회적 관계와 같은 요소들이 결합된 사회적 과정으로 조직의 목표 달성이 그 존재의 이유이다. 따라서 리더는 조직 전체에 주어진 목표를 달성하기 위해 개인과 조직 행동에 대한 상호작용 역할을 비롯하여 상위 및 하위 간 비대칭적 사회관계를 중시해야 한다. 특히 리더는 자신이 소속된 조직의 현안과 문제점을 찾아내고, 조직구성원들이 시대적 · 환경적 변화에 어떻게 대응하고 변화해 나가야 할 것인지를 구체적으로 파악하여 조직문화 특성과 조직구성원에게 적확한 동기부여를 제시해야 한다. 또한 리더는 조직구성원의 욕구에 관심을 갖고 이를 충족시킴으로써 조직의 응집력을 키워나갈 수 있는 역량을 갖춰야 한다.

효과적인 리더십은 조직이 공동으로 추구하는 목표를 달성하려고 노력하는 조직구성원에게 절대적인 영향력을 미친다. 다양한 학자들의 리더십 개념에 대한 정의에 숨어 있는 공통된 내용을 정리하면 다음과 같다.

첫째, 리더십은 리더의 타인에 대한 영향력과 관계가 있다. 둘째, 집단 상황에서 발휘되는 리더십은 조직구성원에게 영향을 미치는 상황적, 시공간적 특성을 갖는다. 셋째, 리더십은 주로 상위 권력구조와 하위 권력구조 간 상호작용 관계 속에서 발생한다. 조직에서는 리더가 조직구성원에게 권력 등을 통해 영향을 미치는 것뿐만 아니라 조직구성원도 리더에게 다양한 전문지식과 정보를 통해 주도적인 의사전달을 할 수 있다. 따라서 리더와 조직구성원은 서로의 의견을 합리적으로 수용할 수 있어야 조직 내 리더십은 유지된다. 넷째, 리더십이 효과적으로 발휘되려면 조직 전체가 추구하는 목표 달성 과정이 모든 조직구성원에게 인식되어야 하며, 그래야만 리더의 리더십은 조직구성원에게 긍정적인 영향을 미칠 수 있게 된다.

시대적 변화에 따라 리더십은 다양한 구성요인들의 영향을 받아서 그 특성이 변화하게 된다. 리더가 조직 내 자신을 따르는 사람들에게 영향력을 행사하는 과정과 상황에 따라 리더십은 많은 영향을 주고받게 된다. 이러한 맥락에서 구현되는 리더십은 세 가지 구성요소로 이루어진다. 의사결정을 하는 리더(leader), 리더를 따르는 사람 또는 지지자 · 추종자(follower), 그리고 리더십이 발생할 당시 주변의 상황변수가 그것이며, 이들은 리더십이 실천적 행위로 옮겨지는 과정에서 서로 밀접한 상호작용을 하게 된다. 이 상호작용적 관계 구성에 대한 설명을 통해 리더십의 특성이 구체화된다. 리더십을 구성하는 각각의 요소를 설명하면 다음과 같다.

첫째, 리더는 조직 내 구성원에게 영향을 주거나 영향을 주려는 핵심적 요소로 간주된다. 일반적으로 한 조직에는 조직으로부터 공식적인 역할을 부여받는 공식적 리더와 조직 내부에서 자연발생적으로 등장해 리더 역할을 맡게 된 비공식적 리더가 존재하기도 한다. 리더는 조직에 주어진 목표와 과업을 수행하기 위해 분명한 목표 의식과 함께 조직이 지향하는 리더만의 철학과 비전을 지녀야 한다. 그리고 판단력, 결단력, 분석력, 추진력을 비롯하여 조직구성원이 리더를 믿고 따를만한 신뢰성, 정직성 등의 탁월한 윤리적 자질과 합리적 과업 수행 능력을 겸비해야 한다. 리더는 단순히 다른 구성원들에게 자신의 영향력을 행사하는 데에만 그칠 것이 아니라, 그들이 공동의 목표를 달성해낼 수 있도록 이끌어야 한다. 이 리더는 그 분류 과정에서 크게 과업지향적 성격과 관계지향적 성격의 리더십 중 어느 한쪽의 특성을 지니게 되는 경우가 많다. 과업지향적 리더는 업무 성취 여부에 더 많은 노력을 기울이는 한편, 관계지향적 리더는 조직구성원의 원만한 의사소통 및 감정적 유대에 더 많은 관심을 갖는다.

둘째, 리더를 따르는 사람들은 조직의 목표 달성 과정에서 리더의 영향을 받거나 그의 영향력 대상이 되는 조직구성원으로서 주로 하위계급이나 직급에 있는 부하를 의미한다. 리더십이 존재하려면 리더뿐만 아니라 리더를 따르는 사람들이 있어야 한다. 리더가 합리적 비전, 강한 의지, 판단력, 추진력 등을 갖추었다 하더라도 그를 따르는 사람들이 없다면 리더십은 존재할 수 없다. 따라서 리더를 따르는 사람들이 리더가 추구하는 가치나 그의 의사결정을 이해하는 것 못지않게 리더는 자신을 따르는 사람들의 심리와 행동을 충분히 이해할 수 있어야 한다.

조직 내에서 리더와 리더를 따르는 사람 간 서로 도움을 주고받는 상호작용을 가능하게 하는 리더십이 발휘되려면, 그들이 추구하는 목표가 서로 궁극적으로 일치해야 한다. 리더를 따르는 사람들은 리더의 인성 때문에 그를 따르기도 하지만, 대부분 자신이 소속된 조직의 목표와 자신의 목표가 일치하도록 적절히 조정해 주는 리더를 더 잘 따르게 된다.

셋째, 리더와 리더를 따르는 사람들이 원활한 상호작용을 하더라도 이들의 관계는 주위 환경과 상황에 따라 항상 달라질 수 있다. 시대가 복잡해지고, 사회 내 불확실성이 커질수록 리더십에 요구하는 사항들이 더 많아지면서 절대적인 하나의 가치를 전제로 하는 리더십은 그 생명력을 지속하기가 어려워지고 있다. 다양한 사회문화적 변화를 조직 내 변화에 적용하기 위해서는 상황을 정확하게 분석하고 해석할 줄 아는 리더십이 필요하다. 그리고 공식적, 비공식적 리더십과 관련하여 리더는 자신의 다양한 역할 변화상에 대해 끊임없이 되돌아 볼 수 있어야 한다.

3. 리더십의 기능과 리더의 역할

일찍이 코터(J. P. Kotter)는 리더십의 기능과 관련하여 이를 세 가지로 설명하고 있다. 첫째, 리더십은 조직의 비전을 설계하여 조직구성원에게 제시하고, 이를 구현하기 위한 전략을 창조해내는 방향 설정 기능을 해야 한다. 둘째, 리더십은 조직구성원들이 서로 화합하도록 개인행동에 영향을 미치는 단합 기능을 수행할 수 있어야 한다. 즉 조직의 목표를 따르는 조직구성원들은 물론 조직의 방향성을 반대하는 구성원마저 포용함으로써 조직 전체의 단합을 이끌어내는 기능을 발휘해야 함을 의미한다. 셋째, 조직의 안정을 유도하는 역할을 맡고 있는 리더로서 조직구성원에게 동기를 부여하여 조직의 성장과 발전을 주도해 나가는 기능을 이행할 수 있어야 한다. 이를 위해 리더는 조직구성원의 욕구와 만족을 실현하는데 많은 노력을 기울여야 한다.

한편 나누스(B. Nanus)는 리더의 역할과 관련하여 내향적 · 외향적 성향에서 현재와 미래로 분류하여 각각 방향설정자, 대변인, 코치, 변화선도자의 네 가지 역할로 개념화하고 있다. 이를 근거로 리더십이 지향하는 역할을 정리하면 [그림 1-1]과 같다.

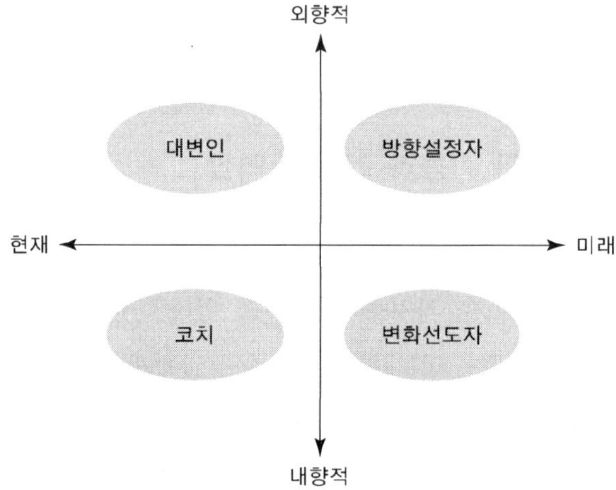

[그림 1-1] 리더십이 지향하는 4가지 역할

자료: Nanus(1992), Nindyati(2013); 한형서(2021)에서 재인용.

첫째, 방향설정자(direction setter)로서의 정체성을 지닌 리더십을 갖춘 리더는 조직의 비전 구현과 목표 달성을 위한 전략을 수립하고, 이에 따라 조직을 관리해야 한다. 그리고 리더는 자신을 따르는 하위직급의 조직구성원을 지도하고 격려하며, 적절한 과업 수행에 대한 동기를 부여하는 한편, 급변하는 외부 환경에 대응하여 미래를 준비하는 역할을 해야 한다.

둘째, 대변인(spokesperson) 성격의 리더십을 보유한 리더는 자신이 현재의 조직을 대표한다는 자신감과 함께 자신의 명확한 비전을 표현하고, 다양한 이해관계자들과 원만한 관계를 맺을 수 있어야 한다. 이때 한 조직의 리더로서 조직의 안전성과 통일성이 지속될 수 있도록 관리하는 것이 중요하다.

셋째, 코치(coach)로서의 리더십을 지향하는 리더는 조직구성원과 다른 사람들을 위해 훌륭한 안내자 역할을 수행하고, 조직구성원의 모든 활동을 조정하며, 그들이 조직 관련 활동에 자발적으로 참여하도록 동기부여를 해야 한다. 또한 리더는 모든 조직구성원에게 영향을 미침으로써 그들이 성공적으로 목표를 달성할 수 있도록 이끄는 역할을 해야 한다.

넷째, 변화선도자(agent of change)로서의 리더십을 발휘하게 되는 리더의 역할은 환경변화의 필요성을 이해하고, 그 변화에 대한 적절한 대응과 함께 정책 결정 과정에서의 발생 가능한 위험을 예측하는 것이다. 이를 위해 리더는 조직과 조직구성원의 미래의 성공을 계획하기 위해 현재의 데이터를 잘 활용할 수 있어야 한다.

리더는 리더십을 발휘하는 과정에서 조직구성원의 직무수행 동기를 상승시켜야 하며, 상황적 요인도 함께 고려해야 한다. 이 상황적 요인은 조직구성원의 특징과 환경적 요인으로 범주화할 수 있다. 첫째, 리더는 조직구성원의 개인적 특징이라 할 수 있는 개별능력, 욕구 등을 파악해야 한다. 또한 조직구성원의 특징에 따른 효과적인 리더십을 리더 자신이 스스로 결정해야 한다. 둘째, 환경적 요인을 고려해야 한다. 환경에 적응하기 위해서는 어떤 과업이 적절한지, 공식적으로 누구에게 어떤 권한이 부여되어 있는지, 조직 내 규칙과 절차가 어떤지에 따라서 조직구성원에게 적절한 동기부여를 할 수 있는 리더십을 선택해야 한다. 이를 통해 리더십은 원활한 조직 운영을 위한 긍정적인 기능을 수행하는데 중요한 역할을 하게 된다.

4. 리더십 발휘의 장애요인

각 조직의 리더들은 자신의 리더십을 효과적으로 발휘하기 위해 여러 가지 노력을 기울인다. 하지만 여러 가지 이유로 인해 리더십이 원활하게 기능하기가 힘든 상황에 직면하기도 한다. 이를 정리하면 다음과 같다.

첫째, 조직은 주변의 상황변화에 신속하게 반응하고 그 해결책을 모색하는데 있어서 어려움을 야기할 수 있는 환경의 불확실성에 직면하기 쉽다. 환경상의 위기에 직면하게 될 경우를 대비하여 충분한 학습 시간이 필요한데, 현실적으로 현재 운영되는 조직에서는 그러한 여유가 없다. 따라서 환경상의 변화로 인해 발생하는 위기를 극복하기 위해서는 다양한 위기관리 능력에 대한 학습과 축적된 대응 기술의 적용 행위가 요구된다. 역설적이게도 이 같은 과정이 지속되고 환경변화에 대응하려는 리더의 노력이 축적될수록 효과적인 리더십이 배양될 수 있다. 만약 리더가 이러한 리더십을 내재화하려는 적극적인 노력을 하지 않는다면 조직 내 위기는 계속해서 나타날 수밖에 없다.

둘째, 조직의 관성적인 운영 방식으로 인해 장기적으로 조직구성원의 잘못이 고쳐지기를 기다려주거나 이를 해결해줄 시간이 없다. 따라서 단기적이고 즉각적인 성과를 추구하는 조직의 운영 과정에서 리더는 자신을 따르는 조직구성원들의 잘못을 허용할 수 있는 유연성을 갖추기가 어렵다. 이는 리더의 성향 문제 때문이기도 하지만, 대부분 조직 운영체계에서 축척된 과업 수행 관행에서 비롯된 것이기도 하다. 따라서 이를 극복하기 위해서는 리더가 처벌과 보상이라는 두 가지 상반되는 리더십 발휘 수단들을 잘 활용하는 것이 중요하다.

셋째, 조직은 그동안 정립되어온 조직 내 문화적 관습 때문에 새롭고 복잡한 문제의 해결책을 입체적으로 실현하기가 어려운 상황에 놓이기도 한다. 리더가 한 조직에 오래 머물렀다고 해서 모두 그런 것은 아니지만, 대부분 리더가 특정 조직 내에서 지나치게 긴 시간 동안 자신의 위치를 지키고 있는 경우에 이 같은 현상이 나타나기 쉽다. 최근 들어 조직이 외부 환경에서의 위기에 대해 복잡하기보다는 단순한 해결책을 찾으려는 경향이 많아졌기 때문에 어떤 문제를 새롭게 장시간 고민하기보다는 조직 내 기존 문화적 관습을 통해 해결하려는 상황이 발생할 경우, 리더십 발휘를 더 어렵게 만들 수도 있다.

넷째, 효과적인 리더십 발휘를 방해받는 상황은 조직에 도움이 되는 학술적 연구결과를 충분히 이해하는데 어려움을 겪는 리더의 리더십 아래에서 더 많이 발생할 수 있다. 엄격한 과학적 연구방법을 활용하여 연구결과가 도출된 연구가 현 조직에 적용가능하다고 할지라도 그 조직의 리더가 해당 연구결과를 충분히 이해하지 못할 경우, 조직 내부의 구성원들이 리더의 의사결정에 진지한 의문을 제기할 수 있다. 따라서 리더는 조직 내 실무자 못지않게 관련 지식을 충분히 학습해야 한다. 효과적인 리더십을 내재화하기 위해서는 리더 개인적으로 행하는 지속적인 연구 과정이 중요한 것이다. 조직 내 새로운 지식과 기술의 적용과 보급에 최선을 다할 수 있어야만 리더십의 영향력이 효율적으로 발휘될 수 있을 것이다.

2장

리더십의 유형과 적용 범주

리더십과
상호작용

2 리더십의 유형과 적용 범주

○○●○○

현재 운영되고 있는 여러 조직에서 리더십 유형이 구체적으로 하나의 형태로 유형화되어 있다고 볼 수는 없으나, 지금까지 많은 학자들이 그 리더십 유형을 일반화시키기 위해 다양한 연구방법을 동원하여 연구를 지속해온 것이 사실이다. 그 이유는 사회과학 분야가 자연과학과 달리 외부의 다양한 환경변화와 이에 대한 인간의 복잡한 대응 관계를 연구하는 학문이기 때문이다. 따라서 기존의 수많은 리더십 관련 선행연구는 여러 형태의 리더십을 최대한 간명하게 유형화하여 이를 현실에 적용하고자 하는 연구자 본인의 의지의 산물이라고 할 수 있다. 지금까지 연구되어온 리더십의 유형과 적용 범주를 개관하면 다음과 같다.

1. 거래적 리더십

거래적 리더십(transactional leadership)은 전통적인 리더십 유형으로 리더가 조건적 보상을 근거로 하여 조직구성원에게 영향력을 행사하는 과정이다. 이와 관련하여 번스(J. M. Burns)는 거래적 리더십에 대해 리더가 보상, 인센티브를 사용해 조직구성원으로 하여금 바람직한 행동을 하도록 만드는 과정이라 보았다. 이 리더십 유형은 리더가 자신을 따르는 사람들에게 경제적 교환관계 속에서 그들의 행동을 이끌게 된다. 이 과정에서 자신의 의견을 따라 주기를 바라는 리더와 그에 대한 보상을 받는 조직구성원 간 상호 욕구가 만족되는 현상이 나타나게 된다. 기본적으로 거래적 리더십에서는 리더가 원하는 것이 바로 구성원 자신에게도 이익이 된다고 보기 때문에 리더가 구성원에게 영향력을 행사하게 된다고 설명한다.

즉 거래적 리더십은 리더와 조직구성원 간 교환관계에 기초를 둔 리더십 유형이다. 거래적 리더십이 효과적으로 발휘되도록 리더는 조직구성원이 바라는 것을 제공해 줌으로써 자신이 원하는 방향으로 조직구성원의 행동을 유도한다. 이와 관련하여 일찍이 바스(B. M. Bass)는 거래적 리더십에 대해 리더가 무엇인가를 교환하려는 노력의 일환으로 조직구성원에게 동기를 부여하는 리더십이라고 정의하기도 했다. 그가 말한 거래적 리더십의 구성요소에는 크게 조건적 보상과 예외관리의 두 가지가 있다.

첫째, 조건적 보상(contingent reward)은 상황적 보상이라고도 말한다. 이 보상 방법을 통한 리더십 발휘는 리더가 제시한 수준에 걸맞은 성과를 조직구성원이 달성했을 때, 동기부여를 위한 인센티브나 보상이 제공됨으로써 이루어진다.

둘째, 예외관리(management by exception)는 어떤 과업 수행 과정에 예외적 사건이 발생했을 때 리더가 개입하게 되는 현상을 말한다. 예외관리 대상은 조직구성원 본인이 아닌 업무수행 자체에 관한 것이라 할 수 있다. 리더는 잘못된 것이 무엇인지를 구체적으로 제시하고, 리더가 원하는 바를 조직구성원에게 분명히 전달해 주어야 한다.

이와 관련하여 헤이터(J. J. Hater)와 바스는 예외관리를 적극적 예외관리와 소극적 예외관리로 구분했다. 적극적 예외관리는 문제가 발생하지 않도록 리더가 미리 조직구성원을 점검하여 효율적 과업을 수행하도록 수정하는 것이다. 반면 소극적 예외관리는 조직의 수용 가능한 성과 기준에서 조직구성원의 과업 수행 과정이 명백하게 이탈하고 있을 때, 리더가 개입, 처벌, 교정 등의 조치를 취하는 것이다. 즉 적극적 예외관리는 잘못을 미리 찾는 과정 중에 조직구성원의 성과를 점검하지만, 소극적 예외관리는 어떤 문제가 진행되어 심각해진 후에 개입하게 된다.

한편 거래적 리더십의 이 예외관리는 흔히 말하는 자유방임적 리더십과 이론적으로 내용이 중복되는 경향을 보이기도 한다. 자유방임적 리더십은 리더가 과업 수행 과정에서 발생하는 여러 가지 현상에 대한 책임을 포기하고, 의사결정을 연기시키며, 조직구성원에게 피드백을 제공하지 않고, 그들의 욕구를 충족시키거나 지원하는 데에도 특별한 노력을 기울이지 않는 리더십 유형이다. 따라서 이 자유방임적 리더십은 앞서 말한 소극적 예외관리와 그 개념상 중복된다고도 볼 수 있다. 일부 학자들은 예외관리와 자유방임적 리더십 개념을 합쳐 비(非)리더십(non-leadership) 또는 소극적 리더십(passive leadership)으로 명명하기도 한다. 이 유형의 리더십은 조직구성원에게 많은 자유를 보장하기도 하지만, 한편으로는 조직 과업의 효과성이나 조직구성원 만족도 측면에서 자칫 부정적인 결과를 초래할 수도 있다.

2. 변혁적 리더십

변혁적 리더십(transformational leadership) 이론은 리더십 과정(leadership process)에 초점을 두고 있다. 이 리더십은 개인적인 리더십 유형이라기보다는 조직 내 여러 수준의 조직 또는 하위조직 리더들의 행동을 포괄하는 조직 전체의 리더십 과정을 의미한다. 이와 관련하여 일찍이 번스는 정치적 리더십 과정을 앞서 말한 거래적 리더십과 변혁적 리더십으로 구별하기도 했다. 그 중에서도 변혁적 리더십 관련 논의를 확대하여 발전시켰다. 그는 변혁적 리더십에 대해 조직구성원으로 하여금 개인적 이해관계를 넘어서 기대 이상의 성과를 달성하도록 하게 만드는 과정으로 개념화하기도 했다. 즉 변혁적 리더십은 조직구성원에게 변화의 필요성을 인식시키고 변화를 향한 자발적 동기를 유발함으로써 원래 설정된 과업 수행 결과보다 기대 이상의 성과를 달성하도록 이끌어 가는 리더십 유형이라 할 수 있다.

번스는 변혁적 리더십에 리더와 조직구성원이 점점 더 높은 수준의 도덕성과 동기부여를 요구하는 방향으로 서로를 이끌어 가는 상호관계가 포함된다고 보았다. 따라서 리더는 리더십 발휘 과정에서 변혁적 리더십과 거래적 리더십, 두 가지 형태 중 어느 하나를 취할 수 있다고 믿었다. 앞서 말한 거래적 리더십은 조직구성원의 개인적 관심에 호소하여 동기화를 시도한다는 점에서 변혁적 리더십과는 구분된다. 예를 들어 어떤 회사 조직의 상위 리더들은 직무에 대한 노력과 보수, 지위 등을 교환할 수 있다. 반면 변혁적 리더십은 인본주의, 평화, 평등, 정의, 자유와 같은 높은 수준의 도덕적인 가치와 이상에 호소하여 리더를 따르는 조직구성원들의 의식을 더 높은 단계로 끌어올리려 하게 된다. 가장 효과적인 형태의 변혁적 리더십은 조직 내 구성원의 가장 고차원적이고 일반적이며 포괄적인 가치에 호소하는 것이다.

리더가 변혁적 리더십을 발휘할 때에는 조직구성원들이 기대 이상의 과업을 달성하도록 유도하기 위해 다음과 같은 노력을 기울인다. 첫째, 조직구성원이 인식하고 있는 이상적인 목표의 가치와 중요성을 높이고, 둘째, 조직구성원이 자신이 속한 조직과 집단을 위해 개인의 이익을 초월하도록 유도하며, 셋째, 조직구성원의 성취 욕구를 만족시킴으로써 더 높은 차원의 욕구에 관심을 갖도록 만든다. 변혁적 리더십은 사회적 변화 속에서 위기 상황이 발생할 때 효과적이며, 유기적 구조의 조직보다는 기계적 구조의 조직일 때 더 효율적으로 적용된다.

한편 바스는 번스가 언급한 변혁적 리더십 논의에 기초하여 조직 내 리더십의 변환 과정을 기술하면서 변혁적, 카리스마적, 거래적 리더십을 구분하였다. 그는 번스의 변혁적 리더십 모델을 다시 네 개의 변혁적 차원으로 나누었는데, 카리스마(charisma), 영감적 동기부여(inspirational motivation), 개인적 배려(individualized consideration), 지적 자극(intellectual stimulation)이 그것이다.

카리스마는 변혁적 리더십의 가장 핵심적인 구성요소로 조직구성원에게 리더가 제시한 비전을 따르도록 만드는 특별한 능력을 의미한다. 영감적 동기부여란 구성원에게 비전을 제시하고 열정을 불러일으키며 격려를 통해 에너지를 북돋우고 업무에 매진하도록 만드는 행동이다. 개인적 배려는 조직구성원이 가지고 있는 사적 욕구 및 능력의 차이를 인정하는 것이다. 마지막으로 지적 자극은 조직구성원으로 하여금 과업 수행에서의 과거 관습에 의문을 제기하고, 새로운 방식을 사용하도록 지원하는 행위를 말한다.

바스는 변혁적 리더십을 조직구성원에 대한 리더의 영향력 측면에서 개념화하기도 했다. 리더는 자신을 따르는 조직구성원들에게 과업 결과에 대한 가치나 중요성을 상기시키거나, 고차원적인 욕구를 자극하고, 조직을 위해 개인적 관심을 초월하도록 유도함으로써 그들의 심적 상태를 변환시키고자 노력한다. 이러한 영향력의 결과로 리더를 따른 조직구성원들은 그들이 바라보는 리더에 대한 신뢰와 존경심을 갖게 된다.

한편 바스는 카리스마를 변혁적 리더십의 하나의 중요한 차원이라고도 생각하고 있었지만, 변혁적 리더십을 종래의 카리스마와는 무엇인가 다른 의미를 지닌 그 이상의 것으로 보기도 했다. 그에게 있어 카리스마는 리더가 조직구성원에게 리더와 동일시하려는 강한 심리적 감정을 유발시켜 영향력을 미치는 리더 본연의 특성이라고 할 수 있다. 반면 변혁적 리더십은 리더가 자신을 따르는 조직구성원들에 대해 코치, 교사 및 조언자 등의 역할을 이행하여 카리스마적 리더십보다는 조금 더 온화하고 자연스럽게 그들의 심적, 행위적 차원의 변화를 불러일으킨다.

이 같은 개념 정리에도 불구하고, 사실 변혁적 리더십과 후술할 카리스마적 리더십의 구분은 여전히 불분명하다. 굳이 이 두 가지 리더십을 대조하여 설명한다면, 변혁적 리더십을 발휘하는 리더는 자신을 따르는 조직구성원들이 더욱 자율적, 자기 지시적, 자아 실현적, 이타적이게 되도록 만든다면, 카리스마적 리더는 조직구성원으로부터 많은 존경을 받고, 그들을 무조건적으로 복종하게 하고 신뢰하게 만드는 역할을 한다고 볼 수 있다.

이러한 차이로 인해 이 두 가지 형태의 리더에게 요구되는 상황은 각기 달라진다. 예를 들어 육체적 · 감정적 노력이 많이 요구되는 상황이나 항상 위기가 존재하는 전투 등에서는 카리스마적 리더가 조직에 위치하는 것이 적합한 반면에, 급변하는 불확실한 상황에 대한 적응력과 업무에서의 창의력, 조직구성원의 자발성과 책임감이 필요한 경우에는 변혁적 리더가 조직에 더 필요하다고 볼 수 있다. 카리스마적 리더는 리더 개인의 자질을 통해 자신의 영향력을 행사하는 한편, 변혁적 리더는 조직구성원에게 일정 부분 권한을 부여함으로써 그들이 자기 존중의 욕구를 달성하도록 도와준다. 이 두 리더십의 공통점으로는 조직 안팎의 상황을 변화시켜 좀 더 나은 미래를 맞이하기를 원하는 것과 장기적이며 이상적인 목표를 세우는 리더십을 보인다는 것 등이 있다.

상술한 논의를 근거로 앞서 설명한 거래적 리더십과 변혁적 리더십을 비교하면 〈표 2-1〉과 같다.

〈표 2-1〉 거래적 리더와 변혁적 리더의 차이점

구분	거래적 리더십	변혁적 리더십
목표지향성	현상과 지나치게 괴리되지 않는 목표를 세움	일반적으로 지금의 현상보다 높은 수준의 이상적인 목표를 지향함
시간	단기적 전망	장기적 전망
동기부여	조직구성원에게 즉각적이고도 가시적인 보상을 통해 동기부여	조직구성원에게 자아실현과 같은 높은 수준의 개인적 목표를 동경하도록 격려
행위표준	조직구성원이 규칙과 관례를 따르기를 선호함	변혁적이고도 새로운 시도에 도전하도록 조직구성원을 격려함
문제해결	조직구성원을 위해 문제를 해결하거나 해답을 찾을 수 있는 곳을 알려 줌	질문을 통해 조직구성원이 스스로 해결책을 찾도록 격려하거나 함께 노력함

자료 : 강정애 외(2016).

앞서 언급한 바와 같이 외부 환경의 변화로 인해 기존의 리더십을 발휘하는데 문제가 생겼을 때, 리더는 효과적인 변혁적 리더십을 추구하여 조직구성원에게 더 높은 수준의 욕구에 집중하도록 호소하고, 그들이 자신의 이익을 초월하여 조직의 이익을 위해 공헌하도록 동기를 부여해야 한다. 그리고 효과적인 변혁적 리더는 외부 환경의 위기를 극복하기 위해 조직구성원이 대안적 목표 설정을 실천하게끔 유도할 수 있어야 한다. 더 나아가 리더 자신과 조직구성원 모두의 윤리성 수준을 한 차원 높게 끌어올려 개인과 집단 그리고 조직의 변화를 주도하는 능력 역시 필요하다.

3. 카리스마적 리더십

카리스마적 리더십(charismatic leadership)은 조직구성원으로 하여금 리더에 대한 강한 몰입과 조직을 위한 행위에 사명 의식을 표출하게 만드는 능력이라 할 수 있다. 카리스마는 어떤 개인이 갖고 있는 초인간적인 비범한 능력에 대한 경외심이 다른 조직구성원들의 자발적 복종을 이끌어 낸다고 보는 리더십의 구성요소이다. 카리스마 있는 리더는 조직구성원의 규범적 지향에 광범위하고 강력한 영향을 주게 된다. 그리고 조직구성원에게 전해지는 비전제시와 근본적인 변화 추구를 핵심 내용으로 다루고 있다는 점에서 리더십의 효율성을 증대하기 위한 방안으로서 그 중요성을 지니고 있다.

일찍이 카리스마 개념은 1940년대 후반 베버(M. Weber)가 처음 소개한 이후, 많은 사회과학자들이 관심을 갖고 연구하기 시작하였다. 베버는 리더의 지배원리를 세 가지 모델인 전통적 지배, 합법적 지배, 카리스마적 지배 유형으로 분류하기도 했다. 특히 카리스마적 지배를 초인적(superhuman), 초자연적(supernatural), 비범한 힘과 능력(power or quality)이 부여된 특별한 특성을 지닌 지배 유형으로 보았다.

최근의 리더십 이론들은 외부의 환경변화에 빨리 적응하려는 현실적 욕구를 반영하기를 원하고 있다. 따라서 조직 환경의 변화된 추세에 따라 리더십 연구와 관련하여 기업조직에 신속하게 활력을 불어넣을 수 있는 카리스마 이론이 다시 관심을 받게 되었다. 현재 새롭게 논의되고 있는 카리스마적 리더십 개념에서는 이전의 리더십 이론들에서 리더가 보유하고 있는 특성으로 생각되었던 카리스마적 자질이 조직구성원의 인식 과정에 의해 결정되는 것으로 보고 있다. 이것은 리더십 발휘 과정에서 리더와 리더를 따르는 조직구성원 간 상호작용을 크게 강조한 것이라 볼 수 있다.

이와 관련하여 일찍이 하우스(R. J. House)는 카리스마적 리더는 조직구성원의 가치나 이상을 조직 목표와 관계된 이상적인 목표로 쉽게 결집시킨다고 보았다. 또한 미래에 대한 호소력 있는 비전을 제시해서 조직의 업무에 더욱 의미를 부여하고 조직구성원의 열정을 고무시킬 수 있음을 강조했다. 리더의 이러한 행동의 결과는 조직구성원에게 있어서 조직이 추구하는 가치에 대한 감정적 몰입과 조직의 과업에 대한 적극적인 참여와 개입의 확대로 이어지게 된다. 리더십을 지속적으로 구현하는 과정에서 조직 안팎의 환경변화로 인해 그동안 실천한 리더십에 변화를 추구해야 할 때를 맞이할 수도 있다. 인간관계 맺음의 원칙과 의사소통 과정에 변화가 필요한 경우에는 그에 알맞은 적절한 리더십을 발휘해야 한다. 카리스마적 리더십은 그 역할을 효과적으로 이행할 수 있는 리더십 유형이라 할 수 있다.

한편 하우스는 카리스마적 리더가 조직구성원으로 하여금 자신을 모방하도록 행동 모델을 제시하며, 역할 모델링을 통해 조직 내 부하들이 리더를 인정하고 존경하게 되면서 자연스럽게 리더의 신념과 가치를 모방하게 된다고 보았다. 이러한 과정을 거쳐 카리스마적 리더는 조직구성원의 만족과 동기에 상당한 영향을 미칠 수 있는 것이다.

카리스마적 리더는 조직이 어려운 상황에 처해있을 때 더 크게 부각되기 쉽다. 공식적인 권한만으로는 심각한 위기를 극복하지 못하여 전통적 가치와 신념이 의

심받게 되는 상황에서 조직 내 카리스마의 중요성은 강조된다. 그래서 카리스마적 리더십은 오래된 성공적인 조직보다는, 생존을 위해 몸부림치는 신생 조직이나 실패를 거듭한 조직에서 자주 발생한다. 상황요인적 측면에서 본다면, 커다란 변화를 요구하는 위기 상황이나 조직구성원이 현재 상태에 불만족하고 있을 경우에 카리스마적 리더가 나타나기가 쉽다. 하지만 그렇다고 해서 그러한 조직의 위기 상황과 카리스마적 리더십의 발생이 반드시 인과적 관계에 있는 것이라고는 볼 수 없다. 왜냐하면 조직구성원들이 조직을 둘러싼 그러한 상황과 환경이 다른 방식의 리더십 유형에 의해 극복될 수 있음을 인식하고 다른 유형의 리더십을 발휘하는 사람을 조직의 리더로 추대할 수 있기 때문이다.

4. 서번트 리더십

서번트 리더십(servant leadership)은 리더가 조직구성원이 원하는 바를 세심하게 읽고 해결해 줌으로써 그들을 지배하기보다는 보살피는 리더십을 의미한다. 일반적으로 이 리더십 유형은 리더십의 특성이라 할 수 있는 조직구성원에 대한 지휘와 통솔을 기본으로 삼는 기존 리더십 패러다임을 일정 부분 부정하고 있다. 즉 서번트 리더십은 리더십 형성의 원천인 리더와 그를 따르는 조직구성원 간 관계 형성이 어떻게 이루어지는지를 세밀하게 관찰하고 그 맥락을 중요한 가치로 여긴다. 리더는 자신을 따르는 사람들에 대한 배려, 봉사와 희생을 통해 그들의 신뢰를 얻음으로써 조직구성원을 목표지향적 행위로 유도하게 된다.

서번트 리더십에서 매우 중요하게 다루는 가치는 신뢰(trust)이다. 여기서 말하는 신뢰는 '리더의 행동을 믿고 따르고자 하는 구성원의 의지'를 의미한다. 일반적으로 한 조직 내 구성원들은 자신의 권리가 자신이 따르는 리더에 의해 악용되지 않을 것이라고 확신할 때 리더의 영향력을 수용하게 된다. 따라서 서번트 리더십에서는 리더가 조직구성원으로 하여금 심리적으로 목표지향적 행위를 지향하도록 유도하기 위해 도덕적 리더로서의 역할을 강조한다. 리더 스스로가 먼저 해당 조직을 섬기고 이를 위한 일련의 행동을 실행에 옮김으로써 조직구성원 전체에 감동을 선사하게 된다. 이 유형의 리더십을 통해 조직 내 의사결정 구조는 수평적으로 변화하게 되고, 조직구성원의 창의성, 자율성, 공동체 의식 등이 고취된다. 또한 서번트 리더십을 갖춘 리더는 조직구성원을 진심으로 이해하고, 조직 운영의 방향성을 제시해 줄 뿐만 아니라 외부 환경의 복잡한 영향 속에서 그들이 적절한 판단력을 함양하도록 도움을 준다.

지금까지 여러 학자들이 서번트 리더십의 특징을 연

구했다. 그들이 제시한 서번트 리더십의 주요 특성을 개관하면 〈표 2-2〉와 같다.

〈표 2-2〉 서번트 리더십의 특성

연구자	서번트 리더의 행동 특성
Kiechel (1992)	비전의 공유, 참여 설득, 경청, 스트레스 치유, 성과 공유 등
Spears (1995)	경청, 공감, 치유, 설득, 인지, 통찰, 비전제시, 봉사 의식, 구성원 성장 지원, 공동체 형성
Sims (1997)	공유된 비전을 함께 인식, 학습 촉진, 다른 사람들의 필요를 돌보기 위해 권력 사용, 공동체와의 협력을 장려, 타인 수용, 정직한 의사소통
Boyer (1999)	질문하고 이해하려고 노력함, 부하를 존중하고 보살피며 편안한 분위기를 만들고자 노력함, 도덕성을 갖추고 신뢰하도록 유도함, 권한을 조직구성원들에게 일정 부분 위임함, 학습을 장려함, 관계와 공동체를 형성함, 부하의 가능성을 믿고 행동함
Russell & Stone (2002)	정직, 청렴, 신용, 모범, 개척정신, 타인에 대한 감사, 임파워먼트, 의사소통, 봉사, 청취, 격려 등
Patterson (2003)	헌신적 사랑, 겸손, 이타주의, 비전제시, 신뢰, 봉사, 임파워먼트 등

자료 : 강정애 외(2016)에서 재인용, 재구성.

서번트 리더십은 조직구성원의 과업 추진 과정에서의 장애요소나 지원방향, 그들의 노력에 대한 평가 등에 관심을 가진다. 리더를 따르는 사람들에 대해서는 신뢰할 수 있고, 과업 처리 과정에서 개방적인 가치관을 보유하고 있다고 믿으며, 가장 우선시해야 할 조직의 주요 자원으로 평가한다. 또한 리더와 조직구성원 간 관계를 공동체적 관점에서 바라보고, 상호 간 커뮤니케이션 촉진을 통해 갈등을 해결하려고 노력한다. 더 나아가 리더가 경쟁 체제를 바라보는 시각에 있어서도 내부의 경쟁 관계를 조장하기보다는 조직구성원 모두가 잘 될 수 있다는 신념 아래 여러 협력적인 과업 추진 방식을 택하게 된다. 조직구성원의 자발적인 노력에 의한 과정 중심의 점검을 통해 생산성 향상을 모색하며, 이를 위해 리더는 자신을 따르는 조직구성원들을 위해 충분한 시간을 할애하려고 노력한다.

5. 팀 리더십

최근 조직 내 구성 방식 중에서 팀제(team system)가 활성화되고 있다. 팀은 전통적 부서조직에 비해 유연하고 신속한 의사결정과 행동을 수행하기에 적합한 조직으로서 팀 리더와 팀 구성원 간 시간적 · 지리적 거리를 초월한 의사소통을 가능하게 한다. 수평적이고 성과지향적 조직구조인 이 팀 조직은 팀 구성원으로 하여금 자신이 속한 집단에 대해 긍정적인 태도를 형성할 수 있도록 하며, 팀 목표 달성에 요구되는 적합한 방향 제시와 지원을 받기에 용이한 조직 형태이다.

한편 팀 구성원들은 개인의 과업과 성공에 초점을 맞추기보다는 팀워크(teamwork)를 향상하는데 더 많은 노력을 기울이게 된다. 따라서 팀제의 성공 여부는 팀 구성원들에게 달려있으므로 팀 리더의 역할과 중요성도 크다. 팀 리더는 정보를 팀원들과 공유하고 그들의 참여를 촉진시키며, 팀원의 능력 발휘를 유도할 수 있어야 한다. 그리고 정보 전달과 커뮤니케이션 채널을 다양하게 유지함으로써 팀 조직이 유연하고 신속하며 긴밀하게 운영되도록 노력해야 한다. 이러한 팀 리더의 중요한 과업 중의 하나는 팀원의 경력관리이다. 팀 리더는 팀의 업무 할당에 있어서도 팀원의 능력개발과 성장에 도움이 되도록 계획할 수 있어야 한다.

이와 같은 팀 리더십(team leadership)은 조직 내 생산성을 높이며, 혁신과 창의성을 증대시키기 위해 최근 각광을 받고 있는 리더의 덕목이라 할 수 있다. 팀 리더십은 리더가 팀 구성원들에게 명확한 목표, 권한, 책임을 부여하고, 지시와 명령보다는 그들이 자율적으로 결정하고 실행할 수 있게 함으로써 소속감과 책임감을 가질 수 있도록 해준다. 팀 리더십을 발휘하는 리더는 과감한 권한위임뿐만 아니라 필요와 상황에 따라서는 팀원들이 리더 역할을 수행하도록 팀원 개인의 셀프 리더십을 자극하고 활성화할 필요도 있다.

팀 리더십은 팀 구성원이 자발적으로 행동 동기를 유발하고 스스로 팀 구성원으로서의 역할을 수행하는 '셀프 리더십', 팀 구성원 상호 간 자율적인 조정을 통해 조직에 기여하는 '팔로워십', 팀 구성원 간 목적에 대한 공통된 인식과 일치된 행동을 지향하는 '팀워크'를 핵심 요소로 구성된다. 그 외에 팀 구성원의 능동성이 발휘되도록 권한을 위임하는 '임파워먼트', 팀의 정확한 판단과 신속한 행동을 위한 '의사소통 능력'이라는 요소가 팀 리더십에 포함된다.

한편 팀 리더십을 갖춘 리더의 주요 행동은 리더십 행동의 두 가지 범주인 모니터링 및 조치 행동과 내부 및 외부문제에 대한 개입 정도에 따라 네 가지 유형으로 범주화할 수 있다. 이를 정리하면 [그림 2-1]과 같다.

먼저 팀 조직의 내부적 기능에 초점을 둘 경우, 리더는 모니터링을 통해 문제점을 진단하고, 해당 문제점을 해결하기 위해 적절한 조치를 취할 수 있다. 한편 팀의 외부적 기능에 초점을 두는 리더는 모니터링을 통해 조직을 둘러싼 환경변화를 예측하여 사전 대응을 할 수 있다.

	모니터링	조치
조직 내부	문제점 진단	문제해결을 위한 조치
조직 외부	환경변화의 예측	환경변화에 대한 사전 대응

[그림 2-1] 팀 리더십을 갖춘 리더의 주요 행동

자료 : 강정애 외(2016), Hackman & Walton(1986).

한편 팀 리더십의 기능을 살펴보면 다음과 같다. 첫째, 팀에 필요한 정서적 환경과 사회적 관계를 형성하는 기능을 한다. 둘째, 조직 활동의 방향성을 설정하고 조직이 지향하는 과업을 계획하고 조정하는 의사소통을 용이하게 한다. 셋째, 팀 구성원에게 적절한 보상과 지지를 제공하는 역할을 한다. 여기서 말하는 보상은 교환관계 속에서 이루어지는 것으로 팀 구성원이 창출한 성과에 비례하여 대가를 주는 것이다. 넷째, 팀 구성원을 교육하고 훈련하는 기능을 한다. 팀 리더는 팀 구성원과의 직접적인 상호작용을 통해 그들의 업무 관련 학습을 촉진하고 훈련을 시키게 된다. 다섯째, 조직 목표에 대한 팀 구성원의 이해와 공헌을 점검하여 다양한 과업 이행을 위한 동기를 제공하고, 팀 구성원이 조직의 목표에 몰입하게 한다. 여섯째, 팀에 필요한 자원과 정보가 무엇인지를 알아내는 모니터링 역할을 수행한다. 팀 리더는 팀 리더십을 통해 조직을 둘러싼 상황 전반을 신속하고 유연하게 점검하고, 필요한 자원 조달 등의 적절한 지원을 하게 된다.

6. 셀프 리더십

앞서 팀 리더십에서 잠시 살펴본 바와 같이 셀프 리더십(self leadership) 개념은 자기 자신에게 영향을 주기 위해 사용하는 행동 및 인지 전략을 통틀어서 일컫는다. 셀프 리더십은 개인 스스로 자신의 생각과 행동을 변화시켜 본인에게 영향력을 발휘하는 리더십을 의미한다.

단순한 조직 내 과업 참여나 권한위임을 넘어서 자기 관리(self-management)를 포함한 개념이라 할 수 있다. 셀프 리더십은 개인에게서 높은 성과를 이끌어내게 하는 자율적인 힘을 인정하는 것에서 시작한다. 즉 지시와 통제를 강조하는 전통적인 리더십 방식으로는 더 이상 조직구성원의 업무성과를 향상시킬 수 없음을 인식하고, 자기 관리 개념을 확대하면서 나타난 새로운 리더십 유형이다. 이 리더십 유형은 조직구성원으로 하여금 스스로 자신을 변화시킬 수 있는 가치를 찾게 하고, 과업 이행 여부 평가를 통해 조직이 무엇을 해야 하고, 그것을 왜 해야 하며, 또 어떻게 할 것인지에 대해 생각하게 만든다.

셀프 리더십은 심리학의 하위 연구 영역인 사회적 인지이론(social cognitive theory)과 내재적 동기이론(intrinsic motivation theory)을 근거로 본격적으로 연구되기 시작했다. 이 두 연구 영역은 개인행동에 대한 통찰력을 갖게 해준다는 측면에서 셀프 리더십을 갖춘 리더의 특성을 설명해준다. 따라서 이 두 이론에 대한 연구는 조직 내 리더의 셀프 리더십 발휘에 대한 주요 학술적 근거로 활용되어 왔다. 이를 구체적으로 살펴보면 다음과 같다.

첫째, 사회적 인지이론은 개인행동의 특성과 변화 양상이 주변 환경과 다양한 영향을 주고받는다고 보는 이론이다. 이 이론에서는 개인이 자신을 관리하고 통제하는 능력과 주요 직무에 직면했을 때 발휘되는 능력에 중요성을 부여한다. 인간 개인은 타인을 관찰하고 상상력을 사용하여 학습하는 능력을 통해 직무나 사건을 경험하고 배워나갈 수 있다고 주장한다.

둘째, 내재적 동기이론은 개인 자신이 선호하는 활동을 하거나 직무를 수행할 경우, 즐거움이라는 내재적 보상을 받는다는 이론이다. 여기서 말하는 내재적 동기란 어떤 외재적 목적이나 보상이 주어지지 않는 경우에도 특정한 활동을 하려는 동기를 의미한다.

조직구성원의 셀프 리더십을 개발하기 위한 리더의 전략은 효과적인 행동을 독려하는 행동중심 전략과 구성원 스스로가 합리적 과업 수행을 하도록 독려하는 사고와 태도에 초점을 둔 인지중심 전략으로 다시 나눌 수 있다. 구체적인 행동중심 전략으로는 자기 목표 설정, 예행연습, 자기 관찰, 자기 보상, 자기비판이 있고, 인지중심 전략에는 일을 통해 자연스럽게 얻게 되는 자연적 보상에 관한 것과 생산적인 사고 유형을 발전시키는 것 등이 있다.

리더십의 새로운 관점 중 하나인 셀프 리더십은 전통적 관리 기능과는 구별되는 특성이 있는데, 그것은 바로 외부 통제 및 내부 자율에 관한 것이다. 즉 셀프 리더십은 개인의 근본적인 자기 통제시스템을 자극하여 스스로 동기부여를 하게 하는 자유의지의 실현으로 나타나게 된다. 즉 전통적 관리 기능에서 셀프 리더십으로의 변화는 개인에 대한 근본적인 인식 변화를 의미한다. 리더는 이 셀프 리더십 발휘를 통해 조직구성원들을 효과적으로 이끌어가고자 더 책임 있는 행동을 하게 된다. 따라서 셀프 리더십은 조직 내 구체적인 과업 수행으로의 적용 과정에서 전통적 관리 기능과는 다른 특성을 보인다. 〈표 2-3〉은 리더가 취하는 전통적 관리 기능과 셀프 리더십에서 나타나는 개인행동의 기능적 특성을 비교한 내용이다.

[표 2-3] 전통적 관리 기능과 셀프 리더십의 특성 비교

전통적 관리 기능	셀프 리더십
외부 관찰	자기 관찰
주어진 목표	자기 목표 설정
직무수행에 대한 외적 강화	셀프 리더십 행동에 대한 자기 강화와 외적 강화
외적 보상에 의한 열의	자연적, 심리적 보상에 근거한 열의
외부 비판	자기비판
외부에 의한 문제해결	자신이 문제해결
외부에 의한 직무할당	자신이 직무할당

전통적 관리 기능	셀프 리더십
외부에 의한 직무계획	자신이 직무계획
조직의 비전에 의존	조직구성원이 함께 창조한 비전에 헌신

자료 : Manz & Sims(1990).

7. 윤리적 리더십

윤리적 리더십(ethical leadership)은 리더가 스스로의 행동과 대인관계를 통해 규범적인 행동의 모범을 보이며, 의사소통을 통해 조직구성원으로 하여금 도덕적으로 어긋나지 않는 적합한 행동을 하도록 촉진하는 리더십을 의미한다. 윤리적 리더는 존중, 봉사, 정의, 정직, 공동체 윤리, 배려, 공정성 등과 같은 윤리적 행동을 실천하는 모델로서의 역할을 수행하게 되고, 다양한 의사소통 채널을 통해 조직구성원에게 윤리적 기준과 절차를 제시한다. 더불어 리더는 조직구성원에게 윤리적 행동에 대한 보상과 규제를 행사하여 조직 전체가 원칙에 부합하는 도덕적인 선택을 하도록 유도한다.

이 윤리적 리더십은 독자적인 리더 특성이라기보다는 리더가 갖추어야 할 일반적인 자질에 부가되는 속성이라 볼 수 있다. 윤리적 리더십의 가치를 간단히 정리하면 다음과 같다.

첫째, 윤리적 리더십은 타인 존중이라는 기본 가치에

서 시작한다. 윤리적 리더는 조직구성원을 조직의 목적 달성 수단으로 여기지 않으며, 모든 인간은 각자의 인격과 개성, 가치를 가지고 있기에 개인차가 있음을 인정한다. 조직구성원의 다양한 의견과 관점을 수용하며 리더 자신의 의견과 반대되는 견해도 관대하게 받아들이는 경향을 보인다.

둘째, 윤리적 리더십은 타인에게 봉사하는 이타적 정신에 의해 조직 내에서 긍정적인 가치를 전달한다. 윤리적 리더십을 보유한 리더는 조직구성원의 복지와 이익에 관심을 갖고, 그들의 권리를 보호한다. 그리고 리더 개인의 비전보다는 조직의 비전을 명확히 하여 조직구성원을 설득한다. 즉 조직의 비전과 조직구성원의 비전을 통합시키려고 노력한다.

셋째, 윤리적 리더십은 공정함을 바탕으로 이루어진다. 윤리적 리더십을 갖춘 리더는 조직구성원 모두를 동등하게 대하는 것을 중요한 임무로 여겨야 한다. 조직구성원을 지원하거나 보상 또는 징계를 할 때도 공정해야 한다. 조직 내 그 누구도 차별과 소외를 당하지 않도록 해야 한다. 만일 특별한 처우를 할 수밖에 없는 상황이라면 명백한 도덕적 근거를 가지고 조직구성원들을 설득해야 한다.

넷째, 윤리적 리더십은 정직함이라는 가치를 통해 실현된다. 부정한 측면이나 이중성을 가진 리더는 리더로서의 신뢰를 얻을 수 없게 된다. 이럴 경우 조직구성원은 리더의 리더십을 수용하지 않게 된다. 따라서 윤리적 리더는 조직 내 구성원들의 태도와 감정에 민감하게 반응하고, 그들의 여러 이해관계에도 항상 관심을 가져야 한다.

3장

리더십 이론과 관련 연구

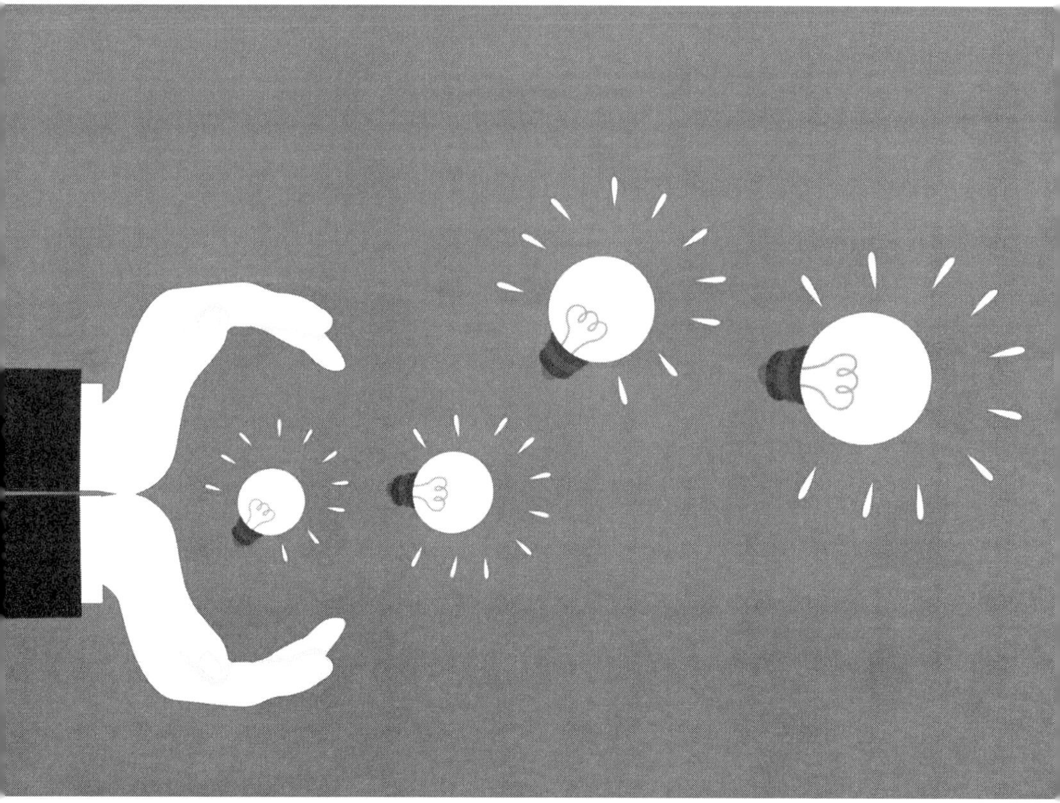

리더십과 상호작용

3 리더십 이론과 관련 연구

○○●○○

1. 리더십 이론의 발전 과정

일찍이 베버(M. Weber)는 현대사회를 주도하게 될 조직의 특성을 연구하면서 미리 정해진 규칙과 법에 따라 운영되는 관료제(bureaucracy) 조직이 시대와 공간을 초월하여 합리성을 지닌 형태로 유지될 것이라고 보았다. 관료제 조직에서의 현장 실무를 진행하는 조직구성원은 확립된 규정과 절차에 따라 행동을 하게 된다. 관료제의 주요 운영 원리는 다음과 같다.

첫째, 조직구성원의 과업은 규정에 따라 합법적으로 설정되어야 하며 권한, 책임, 상벌 규정 등은 사전에 정해진 그대로 실천되어야 한다. 둘째, 직무는 가능한 한 분업화, 전문화시켜야 하며 인원 선발, 배치, 승진 역시 자격에 맞추어 진행되어야 한다. 셋째, 조직 운영 과정에서는 개인적 사정이 통용되어서는 안 되며, 공식 규정이 엄격하게 준수되어야 한다. 넷째, 조직구성원의 고용 및 취업 안정성이 보장되어야 하고 정당한 보상을 통한 고용보장 원칙을 고수해야 한다. 다섯째, 전문화된 직무에는 계층에 따른 명확한 권한과 책임을 부여하여 상호 통솔, 복종 관계가 설정되어 있어야 하는 수직계층의 원리를 따른다. 여섯째, 조직구성원 각자의 권한과 책임을 규정과 문서로 명시화하고 이를 지켜야 하는 문서화 및 공식화의 원리를 따르게 된다.

이러한 관료제 조직 운영 과정에서 리더는 조직의 목표 아래 자신을 따르는 조직구성원들을 효율적으로 관리하기 위해 다양한 노력을 경주하게 된다. 현대사회에서는 뚜렷한 명령체계가 존재하는 기업, 군대, 공공기관 등이 관료제에 근거하여 운영되는 경우가 많으므로 효과적인 리더십 유형의 변화 역시 이 같은 관료제 조직의 발전 과정과 그 맥락을 함께 한다고 볼 수 있다.

리더십 이론의 발전 과정은 시대가 추구하는 조직 운영 방법에 따라 다양한 형태로 설명되고 있다. 최근 리더십 관련 연구 경향을 살펴보면 앞서 언급한 관료제에 의한 조직 운영 방식을 넘어서 조직구성원의 독창성, 민주성, 자율성, 창의성 등을 함께 강조하며, 조직의 이념과 목표에 부합하는 리더의 역할과 조직의 목표 달성에 대한 관심이 주를 이루고 있다. 이와 같이 리더십 이론은 시대적 변화와 상황, 환경적 변화에 따라 자연스럽게 발전된 것으로 볼 수 있다. 수많은 리더십 관련 이론들이 있으나 그 대표적인 이론적 맥락을 정리하면 〈표 3-1〉과 같다.

〈표 3-1〉 주요 리더십 이론과 연구내용

리더십 이론	내용
특성이론	성공적인 리더에게서 찾아볼 수 있는 자질에 대한 논의
행동이론	효율적인 리더가 보이는 행동 유형에 대한 논의
상황이론	효율적 리더십에 작용하는 환경적 상황 요소에 대한 논의
변혁추구 이론	조직구성원의 몰입과 혁신을 이끌어내기 위한 정서적 측면에 대한 논의
육성이론	조직 효율성을 위해 조직구성원이 리더십을 갖추어야 하며, 교육을 통해 리더십 개발이 가능하다는 논의

자료 : 박종훈·박경아(2001), 신구범(2013), 한형서(2021), Herold(2016).

리더십은 기술 관련 연구를 통해서도 지속적인 발전을 거듭해왔다. 리더가 갖추어야 할 기술이란 한 조직의 리더가 목표로 설정한 과업을 효과적으로 이행하는 능력을 의미하는데, 이는 유전과 학습에 의해 함께 결정된다.

이 기술에는 세 가지 하위 범주가 있다. 첫째, 전문적 기술이 있는데, 관리자가 담당하고 있는 조직 단위의 활동 수행에 필요한 방법, 과정, 장비에 관한 지식을 의미한다. 둘째, 개념적 기술에는 분석력, 논리적 사고, 개념 형성, 귀납추리, 연역추리가 포함된다. 즉 사물을 분류하기 위한 범주를 구별하고 개발하는 능력과 복잡한 관계를 파악하고 문제에 대한 창의적인 해결책을 수립하는 능력이라 할 수 있다. 셋째, 대인 기술은 인간 행동 및 집단 과정 관련 지식을 비롯하여 타인의 감정, 태도, 동기를 이해하며, 분명하고도 설득력 있는 의사소통을 진행하는 능력이다. 리더십 이론에서 이 세 가지 차원의 기술 영역은 리더가 갖추어야 할 주요 능력으로 꾸준하게 논의되어 온 범주라 할 수 있다.

2. 리더십 이론들

1) 리더십 특성이론

리더십 관련 연구 중에서 가장 먼저 시작된 연구 범주는 리더십 특성이론(the trait theory of leadership)이다. 리더십 특성이론은 어떤 특성을 가진 사람들이 리더가 될 가능성이 높을 것이라는 가정에 근거하여 해당 특성들을 찾으려고 노력한 이론이다. 즉 리더십 특성을 연구한 주요 학자들은 성공적인 리더가 평범한 사람들이 갖고 있지 않은 특성과 기술을 가지고 있을 것이라고 보았다.

리더십 특성에 관한 연구를 중심으로 검토한 1960년대 후반 논문들에서 밝혀낸 여러 리더십 특성들 중에서 공통적으로 나타난 성격특성은 대략적으로 다섯 가지 범주로 구성되었다. 그 특성들은 〈표 3-2〉와 같이 '사회성, 성실성, 호감성, 적응성, 지적 탐구성'으로 정리할 수 있다. 결국 이 공통된 리더십 특성들이 모여서 한 조직의 바람직한 리더상이 마련되는 것이다.

〈표 3-2〉 리더십을 구성하는 주요 다섯 가지 성격특성과 구체적 특질

성격특성	구체적 특질
사회성	외향성/사교성, 활력, 활동성, 권력욕구/자기 주장성
성실성	신뢰성, 개인적 도덕성, 성취욕구
호감성	유쾌성, 낙관주의, 공감성, 친화욕구
적응성	정서 안정성, 자존심, 자기통제
지적 탐구성	호기심, 탐구성, 개방성, 학습지향

자료 : 강정애 외(2016), Yukl(2006).

리더십 특성 관련 연구의 성과가 계속 진행되는 가운데에도 여전히 개인적 특성이 리더십에 중요한 영향을 미치고 있음이 다수의 연구들에서 밝혀졌다. 그러한 특성에는 이미 앞의 2장에서 고찰한 변혁적 리더십이나 카리스마적 리더십도 포함된다.

최근 본격적인 포스트모던 사회의 진입으로 말미암아 그 중요성이 새롭게 대두된 리더십의 성격적 특성으로는 감성지능과 사회적 지능이 있다. 먼저 감성지능은 자신의 감정과 타인의 감정에 공조하는 것으로 정서를 사용하여 인지과정을 촉진하며 정서를 인지적으로 관리하는 식으로 정서와 이성을 통합하는 능력이다. 사회적 지능은 특정 상황에서 리더십의 요건을 판단하여 적합한 반응을 선택하는 능력으로 개념화할 수 있다. 이 사회적

지능의 주요 구성요소로는 사회적 지각력과 행동 유연성이 있다. 그리고 이 감성지능과 사회적 지능은 리더십의 다른 특성들과 마찬가지로 서로 연관되어 있다.

2) 리더십 행동이론

리더십 행동이론(behavioral leadership theory)은 리더십 특성 연구의 주요 논의인 '누가 효과적인 리더인가?'의 관점을 '효과적인 리더는 어떻게 행동하는가?'의 문제로 관련 연구의 초점을 전환하면서 나타났다. 유클(G. Yukl)에 따르면 리더십 행동이론의 특징은 다음과 같이 요약할 수 있다.

첫째, 리더십 행동이론 연구의 초점은 리더의 행동과 관련된다. 둘째, 리더십 행동이론에서의 행동 유형은 과업지향적 행동, 관계지향적 행동, 변화지향적 행동으로 분류가 가능하다. 셋째, 리더십 행동이론 연구에 의해 리더십 행동 유형을 측정한 후, 부족한 리더십 행동 유형을 개선하는데 필요한 훈련개발이 가능하다.

이처럼 리더십 행동이론 연구에서는 구체적으로 리더가 어떤 행동을 하는지, 그리고 그 행동으로 인해 조직이 어떻게 변화할 수 있는지에 대한 논의가 폭넓게 진행된다. 하지만 리더십 행동이론 연구는 리더십의 효과성과 관련된 보편적 성격의 리더십 행동 유형을 도출해 내는 데는 실패했다. 리더의 행동에 영향을 주는 상황적 요인의 분석에도 소홀했다는 지적이 있기도 하다.

3) 리더십 상황이론

조직이 처한 특정 상황에 적절한 효과적인 리더십 유형을 찾는 것을 포기하고 리더십의 효과성과 유효성을 변화하는 상황과 유연하게 연계시키고자 등장한 것이 리더십 상황이론(situational leadership theory)이다. 즉 리더십 상황이론은 리더가 조직구성원에게 미치는 영향이나 효과는 상황에 따라 달라진다는 개념에 근거해 있다. 어떤 상황에서는 리더의 특성이나 행동 유형이 조직구성원의 성과나 만족에 영향을 주지만, 다른 상황에서는 영향을 주지 않으며, 각각의 개인이나 집단은 서로 다른 리더십 유형을 선호한다는 점을 강조한다.

리더십 상황이론에서는 논의의 초점을 리더에게 두지 않고, 리더와 조직구성원, 그리고 조직이 처해 있는 상황에 초점을 둔다. 그리고 리더의 특성이나 행동 유형이 조직과 그 구성원에 미치는 영향을 조절하는 변수들을 파악하여 상황에 적합한 관계를 설명한다. 리더의 특성이나 행동의 영향력을 증감시키는 변수는 다양하다. 리더십 상황이론에서 중요하게 고려하는 일반적인 변수들로는 리더의 특성 및 행동 유형, 집단 혹은 조직 내 구성원의 특성, 집단 및 조직 자체의 특성, 과업의 특성 등이 있다.

기존 연구를 토대로 이러한 변수들을 더 구체적으로 살펴보면 다음과 같이 정리할 수 있다. 첫째, 리더 및 조직구성원의 행동 특성으로는 리더와 조직구성원의 행동 유형에 영향을 미치는 성격, 욕구, 동기, 경험, 강화 작용 등이 있다. 둘째, 집단 및 과업 특성은 리더의 행동과 효과성에 영향을 미치는 집단규범, 집단구조, 집단의 발전단계, 구성원 간 서열 및 응집성, 과업의 구체성 및 명확성, 과업 성격 등을 포함한다. 셋째, 리더의 권력 기반, 조직 내 규율절차, 조직구조, 조직의 목적 및 운영 방침, 의사결정 시 시간적 여유 등 조직 차원의 요소들이 있다. 넷째, 기타 리더-구성원 간 관계와 관련한 요인들도 다수 존재한다.

4) 하우스의 경로-목표 이론

일찍이 하우스(R. J. House)는 리더가 조직구성원에게 동기를 부여하는 리더십 스타일을 통해 직무가 수행되는 기능을 경로-목표 이론(path-goal theory)으로 설명했다. 경로-목표 간 관계 개념은 결국 효과적인 리더가 조직구성원의 목표(보상)와 목표 달성 경로를 분명히 하여 그들에게 목표에 대한 기대를 높여 주며, 목표를 향한 가장 효과적이며 빠른 경로를 제시함으로써 목표 달성을 용이하게 하는 상황적 조건을 조성하는 것을 의미한다. 이와 같은 일련의 과정을 통해 리더는 조직구성원이 해당 경로를 보다 쉽게 따라갈 수 있도록 해준다. 이 과정에서 리더는 과업 수행의 장애요인을 제거하여 조직구성원의 만족감을 증가시킬 수 있는 직무 수행 과정을 추구해야 한다고 본다. 이처럼 경로-목표 이론에서는 리더의 행동 유형과 상황변수인 그를 따르는 조직구성원들의 특성 및 과업환경 간 유기적인 관계를 강조한다.

경로-목표 이론에서의 리더십 유형은 지시적 리더십(directive leadership), 후원적 리더십(supportive leadership), 참여적 리더십(participative leadership), 성취지향적 리더십(achievement-oriented leadership)의 네 가지 범주로 나눌 수 있다.

첫째, 지시적 리더십 유형에서는 조직구성원이 자신에게 기대되는 것을 정확하게 알고 있고, 리더는 그들에게 구체적인 지침을 제공한다. 반면 조직구성원의 주체적인 참여는 이루어지지 않는다. 지시적 리더는 조직구성원이 할 일을 계획, 조정하며, 그들에게 규칙과 절차를 따르도록 요구한다.

둘째, 후원적 리더십 유형의 리더는 감정적으로 원만한 교호작용을 하며, 조직구성원과의 상호 만족스러운 인간관계 발전을 강조한다. 후원적 리더는 주로 조직구성원이 적극적으로 일할 수 있도록 도와주는 한편, 그들의 욕구와 복지 및 안녕에 관심을 기울이며, 공동체 정체성을 함양할 수 있는 조직 분위기를 조성한다.

셋째, 참여적 리더십 유형의 리더는 조직구성원으로 하여금 문제에 대한 제안을 하도록 유도는 하지만, 최종 결정은 결국 리더 스스로가 한다. 참여적 리더는 조직구성원과 상의하고 그들의 의견을 의사결정에 반영하는 식으로 조직구성원의 적극적 참여와 리더의 의사결정권을 적절하게 함께 추구한다.

넷째, 성취지향적 리더십 유형의 리더는 조직의 목표를 확실하게 정하고 조직구성원으로 하여금 목표가 달성될 수 있다는 것을 인지하도록 만든다. 성취지향적 리더는 도전적 목표를 설정하고 조직구성원에게 높은 수준의 과업 수행을 강조하는 만큼 그들에게 해당 목표를 달성할 수 있다는 자신감을 갖도록 유도해 주어야 한다.

이처럼 리더는 위 네 가지 리더십 유형에 따른 다양한 기능을 충분히 숙지하여 이를 상황에 따라 조직 내에서 자유롭게 활용할 수 있어야 한다. 물론 하우스는 동일한 리더라도 상황에 따라 취하는 리더십 유형이 달라질 수 있음을 밝혔다. 그가 리더 행동과 그 행동으로 인한 결과의 관계를 조절하는 상황 요인으로 제시한 두 가지 요인은 조직 내 리더를 따르는 부하들의 특성과 환경 특성이다.

첫째, 리더십 유형에 영향을 미치는 조직 내 부하의 특성은 능력, 성향, 욕구 등 세 가지 측면으로 나누어 설명할 수 있다. 먼저 부하의 능력 부분을 보면 조직 내에서 부하가 자신의 능력을 높이 평가할수록 지시적 리더십은 거부되는 경향이 있다. 조직구성원으로서의 부하의 능력은 주로 과업 수행 능력과 경험 등에 의해 평가받는다. 부하의 성향 면에서는 자신에게 일어나는 모든 일을 스스로 통제할 수 있다고 믿는 사람일수록 참여적 리더십을 선호하는 반면, 그 일이 외부의 기회나 행운에 따라 결정된다고 믿는 사람일수록 지시적 리더십을 선호하는 것으로 나타난다. 부하의 욕구와 관련해서는 조직에서 리더를 따르는 사람들의 원초적인 욕구가 강할수록 지시적 리더십을 선호하고, 친교 욕구가 강할수록 후원적 · 참여적 리더십을 좋아하며, 고차원적인 욕구를 추구하는 사람일수록 후원적 리더십을 수용하는 정도가 높은 것으로 분석되었다.

둘째, 리더십 유형에 영향을 미치는 환경 특성 요인에는 과업의 구조화 정도, 집단성격, 조직적 요소 등이 있다. 먼저 과업 특성상 과업이 구조적일수록 후원적 · 참여적 리더십이 바람직하며, 비구조적인 과업에는 지시적 리더십의 실천이 더 타당하다고 여겨진다. 집단성격 측면에서는 집단 형성 초기에는 지시적 리더십이, 집단이 정착 · 안정된 이후에는 후원적 · 참여적 리더십이 더 적절한 것으로 판단된다. 조직적 요소와 관련해서는 조직이 긴급 상황에 처했을 때는 지시적 리더십이, 불확실성이 수반되는 경우에는 참여적 리더십이, 리더-구성원 간 상호작용이 필요할 때는 후원적 리더십이 각각 더 바람직한 리더십 유형이라고 여겨진다.

경로-목표 이론의 가치는 첫째, 개념적으로 뚜렷이 구분되는 네 가지 리더십 행동 유형(지시적, 후원적,

참여적, 성취지향적)을 강조한 최초의 리더십 이론이라는 점이다. 둘째, 리더를 따르는 조직구성원들을 위해 목표 달성 경로를 명확히 하고, 장애물을 제거하며, 필요한 것을 지원하는 등 하위자를 도울 수 있는 개념적 틀을 제시한다. 셋째, 리더는 조직이 처한 상황에 적합하도록 자신의 행동을 유연하게 변화시켜야 한다. 하지만 이 같은 이론적 강점에도 불구하고 경로-목표 이론은 개념적으로 너무 복잡하여 실제로 활용하기가 어렵다는 단점을 갖고 있다.

5) 리더-멤버[구성원] 교환이론

리더-멤버[구성원] 교환이론(leader-member exchange theory)은 리더와 조직구성원 간 상호작용 과정에 대한 인식을 바탕으로 하는 리더십 이론이다. 리더와 조직구성원 간 관계가 전통적 리더십 이론에서 제시한 집단적 관계가 아니라 서로 다른 특성을 지닌 개별 관계 형태로 이루어져 있다고 본다. 연구 과정에서 리더-멤버[구성원] 교환이론은 관련 명칭이 상사-부하 교환관계, 리더-구성원 교환관계, leader-member exchange의 약자인 LMX 등으로 혼용되어 사용되고 있다.

이 이론에서는 조직의 리더가 각 조직구성원과 서로 다른 관계를 형성함을 전제로 이론적 논의를 진행한다. 조직구성원마다 자신과 리더와의 관계를 다르게 지각하기 때문에 조직 내 구성원 수만큼의 서로 다른 리더-멤버 관계가 형성된다고 본다. 즉 이러한 관계 형성이 개인 및 조직의 성과에 영향을 준다는 이론이다.

디네쉬와 리덴(R. M. Dienesch & R. C. Liden)은 리더-멤버 간 이루어지는 교환의 특성이 다음과 같은 단계를 거쳐 형성된다고 했다. 구체적으로 살펴보면 초기 상호작용 단계, 리더의 시험 단계, 구성원의 반응·귀인 단계, 리더의 반응·귀인 단계라 할 수 있다.

첫째, 첫 번째 단계인 초기 상호작용 단계에서는 리더와 조직구성원이 각기 독특한 신체적 특징, 태도, 능력, 성격, 배경 등을 중심으로 상호작용을 시작한다. 이러한 개인적 특성들은 최초의 상호작용뿐만 아니라 이후의 단계에도 영향을 미친다.

둘째, 두 번째 단계인 리더의 시험 단계에서는 리더가 조직구성원에게 역할이나 직무를 할당함으로써 그들의 능력이나 태도를 시험한다.

셋째, 세 번째 단계인 구성원의 반응·귀인 단계에서는 조직구성원이 리더로부터 할당받은 역할, 직무에 대한 반응이 행동으로 나타난다. 이 단계에서 조직구성원은 리더가 왜 자신에게 그러한 역할이나 직무를 할당했는지에 대한 원인을 모색한다.

넷째, 네 번째 단계인 리더의 반응·귀인 단계에서는 리더가 조직구성원 행동의 원인을 규명하려고 노력하게 된다. 결국 이와 같은 과정을 거쳐 리더-멤버[구성원] 간 교환관계의 특성이 결정된다.

리더와 멤버[구성원] 간 교환관계 과정을 정리하면 [그림 3-1]과 같다.

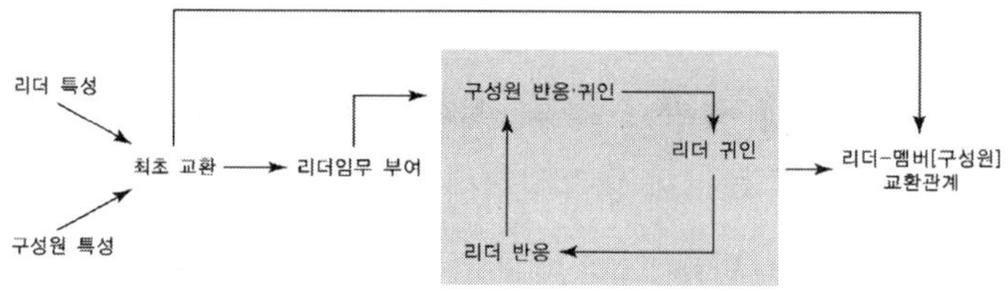

[그림 3-1] 리더-멤버[구성원] 교환관계 과정

자료 : 강정애 외(2016), Dienesch & Liden(1986).

4장

리더십과 의사소통

리더십과 상호작용

4 리더십과 의사소통

○○●○○

1. 의사소통의 개념, 유형, 기능

의사소통은 상호 간 관계가 형성되는 과정을 이해하고, 개인과 집단 간 정보, 아이디어, 태도, 느낌, 의견, 지침 등을 전달하기 위해 메시지를 교환하는 행위로 정의할 수 있다. 특히 의사전달이 어떻게 이루어질 것인가의 문제는 조직 운영의 효율성 여부와 밀접한 관련이 있다.

조직에서의 의사소통 유형은 크게 공식적 의사소통과 비공식적 의사소통으로 구분할 수 있다. 공식적 의사소통은 조직이 규정하는 책임과 권한에 따라 의사전달이 이루어지는 것을 의미한다. 반면 비공식적 의사소통은 조직 내에서 자생적으로 형성된 의사소통 시스템을 통해 비공식적인 방법으로 상호 간 의사전달 및 수렴 과정이 성립되는 것이다. 이를 구체적으로 정리하면 다음과 같다.

첫째, 공식적 의사소통은 공식적인 조직구조와 규정에 따라 의사전달이 이루어지는 것으로 수직적 의사소통과 수평적 의사소통으로 분류된다. 이 공식적 의사소통이 원활히 이루어지기 위해서는 전달 내용이 전후가 모순되지 않도록 일관성과 통일성을 갖추어야 하며, 시간적으로도 알맞은 시의성 있는 메시지를 전달해야 한다. 또한 수신자에게 명확하게 전달될 수 있도록 메시지의 명료성을 확보해야 한다. 이를 위해서는 메시지 양이 적절해야 하며, 메시지 수신자가 관심을 갖고 수용할 수 있는 메시지를 담아야 한다. 상술한 공식적 의사소통의 유형과 내용을 정리하면 〈표 4-1〉과 같다.

〈표 4-1〉 공식적 의사소통의 유형과 내용

유형		내용
수직적 의사소통	하향적 의사소통	• 리더가 조직구성원에게 지시를 내리며, 명료성 · 적합성 · 일관성 및 적시성 등이 요구됨 • 의사소통 수단 : 주로 명령체계에 의함
	상향적 의사소통	• 조직구성원이 리더에게 의견을 전달하며, 주로 인간적 욕구를 충족시키기 위한 것이 많음 • 의사소통 수단 : 주로 보고체계에 의함
수평적 의사소통		• 조직 내 하위집단 및 부서 간 이루어지는 소통으로 하위조직 간 과업활동 조정, 갈등 해결을 위한 것이 많음 • 의사소통 수단 : 하위조직 간 심의, 토의, 회의 등에 의함

자료 : 이학희(2019).

둘째, 비공식적 의사소통은 공식적 의사소통 채널(channel)이나 조직 내에서 주로 다루는 메시지의 내용과 상관없이 조직구성원 간 개인적 친분에 의한 모임을 통해 이루어진다. 따라서 비공식적 의사소통은 공식적인 절차와 형식 및 규정, 지시 등에 의해서가 아니라 자연발생적인 사적 모임에서 주로 나타난다. 이러한 의사소통은 인간으로서의 감정적 친화나 친목 결성 등을 기초로 형성된다.

이 비공식적 의사소통 과정은 개인에 대한 관리자의 통제가 불가능하고 의사소통의 전파력이 빠르다는 특징이 있으며, 때때로 조직 내 공식적 소통 채널을 무력화하기도 한다. 하지만 비공식적 의사소통은 나름대로 조직에서 중요한 기능을 담당하는데, 공식 채널에서 다루기 힘든 주요 안건을 보충하는 보완적 의사소통 수단으로 활용될 수 있다. 비공식적 의사소통의 장점과 단점을 정리하면 〈표 4-2〉와 같다.

〈표 4-2〉 비공식적 의사소통의 장점과 단점

비공식적 의사소통의 장점	비공식적 의사소통의 단점
• 공식적 채널보다 신속 • 업무 능률성 기대 • 개인적 욕구 충족 및 만족감 • 개인적 친분을 통한 정보수집 • 조직 불만에 대한 정보제공	• 과장된 정보제공 및 불확실성 • 핵심정보 유출 가능성 • 비밀 유지 불가능 • 공식 채널의 무력화 가능성

자료 : 하상군 · 장문학(2010), 한형서(2021).

이상 살펴본 공식적 의사소통과 비공식적 의사소통을 비교하면 〈표 4-3〉과 같이 정리할 수 있다. 공식적 의사소통은 통제 가능하며 제한적 범위에서 비공식적 의사소통보다 느리게 진행된다. 비공식적 의사소통은 조직 내에서 통제가 어려우며 메시지가 빨리 전파되는 특성이 있다. 공식적 의사소통은 계획적으로 이루어지며 의도성을 지닌 상태로 주로 리더에 의해 진행된다. 반면 비공식적 의사소통은 자생적으로 이루어지며 주로 리더를 따르는 부하들에 의해 진행된다. 공식적 의사소통은 대체로 문서를 통해 공표되지만, 비공식적 의사소통은 구전(口傳)에 의해 발생하여 휘발성이 강하다. 또한 공식적 의사소통은 일상적 업무와 관련된 내용이 많지만, 비공식적 의사소통은 인간지향적인 메시지를 전달하는 경우가 많다.

〈표 4-3〉 공식적 의사소통과 비공식적 의사소통의 비교

공식적 의사소통	비공식적 의사소통
• 통제 가능, 제한적 범위, 느림 • 계획적, 의도성이 강함, 리더 중심 • 공식적으로 공표됨, 대부분 문서화됨 • 일상적 업무와 관련된 메시지, 업무지향적	• 통제 불가능, 광범위, 빠름 • 자생적, 의도성이 약함, 부하 중심 • 비공식적으로 이루어짐, 주로 구전으로 진행되어 휘발성이 강함 • 비일상적인 성격의 메시지, 인간지향적

자료 : 김영식(1999), 한형서(2021).

의사소통 과정은 여러 가지 기능을 담당하고 있는데, 그 기능에는 단순히 특정 메시지를 주고받는 행위뿐만 아니라 메시지 내용을 재해석하여 분명한 의미를 부여하는 등의 기능이 포함된다. 의사소통의 이러한 기능들은 사람들이 생활하는 과정에 있어서 중요한 역할을 하게 된다. 의사소통의 기능은 보통 네 가지로 설명할 수 있다.

첫째, 정보전달 기능이 있다. 의사소통은 개인과 조직에 정보를 전달하는 주요 기능을 이행함을 의미한다. 리더는 의사소통을 통해 조직구성원이나 조직 전체의 목표를 규정하고 공유할 수 있다. 또한 과업 추진 방법과 절차 등에 관한 정보를 전달하여 조직 목표를 효과적으로 달성할 수도 있다. 따라서 정보전달 기능은 조직 내 발생 가능한 대안을 분석 · 평가하는데 주요 정보를 제공함으로써 의사결정이 원활하게 이루어질 수 있게 한다.

둘째, 동기유발 기능이 있다. 의사소통은 리더가 수시로 조직구성원의 사기를 북돋우고, 과업 수행에 대한 동기를 고양해주는 기능을 한다. 또한 조직구성원에 대한 리더의 적절한 관리, 즉 지휘통솔 수단이자 조직이 추구하는 목표를 달성하기 위해 조직구성원이 자발적, 의욕적인 참여를 하도록 유도한다. 더불어 리더는 의사소통을 통해 조직구성원에 대한 구체적인 과업지시, 직무조정, 직무성과 개선, 교육훈련, 과업 수행 관련 피드백, 다른 구성원과의 업무협조를 실천한다.

셋째, 지시 및 통제 기능이 있다. 의사소통은 리더가 조직구성원에게 과업 추진 과정에 필요한 행동을 지시하고 통제하는 기능을 한다. 즉 조직구성원을 규제하고자 제안을 하기도 하고, 설득이나 명령 등을 통해 그들의 행동을 특정한 방향으로 통제하는 기능을 한다.

넷째, 정서적 조정 기능이 있다. 의사소통은 리더가 조직구성원으로 하여금 자신의 감정을 표현하고 사회적 욕구를 충족하도록 도와주는 역할을 한다. 또한 그들이 직면하게 되는 조직 내 다양한 문제점뿐만 아니라 타인과의 상호작용에서 나타나는 문제 등에 대한 의견을 공유함으로써 감정상의 유대감이 증대되는 효과를 기대할 수 있다.

이 같은 조직 내 의사소통은 리더십을 통해 조직구성원에게 다양한 방식으로 영향을 미치게 된다. 조직의 리더는 본인의 의사전달 과정이 자신을 따르는 이들에게 효과적으로 작용하기를 원한다. 따라서 리더는 조직 내 의사소통과 리더십 간 관계에 대한 다양한 분석을 시도해야 한다.

2. 조직의 의사소통과 리더십의 관계

조직 내 리더는 자신의 리더십이 조직을 구성하는 사람들에게 주요 의사소통 수단으로 적절하게 수용되기를 바란다. 즉 합리적이고 적합한 의사소통은 좋은 리더십을 기반으로 한 리더의 노력을 통해 이루어지게 된다. 조직의 의사소통에 필요한 리더십은 다음과 같은 특성을 갖추고 있어야 한다.

첫째, 조직의 합리적 의사소통을 위한 리더십은 리더가 지닌 지적 능력에 의해 결정된다. 유능한 리더의 지적 능력에는 언어능력, 지각능력, 추리력 등이 포함된다. 합리적 의사소통을 가능하게 하는 리더의 지적 능력은 과업 수행 과정에서 조직구성원에게 심리적 평안함을 주기도 한다. 하지만 리더의 지적 능력이 조직구성원의 지적 능력과 차이가 너무 많이 나는 경우에는 합리적 의사소통으로 이어지지 않게 되기도 한다. 왜냐하면 리더가 전달하는 메지시의 의미를 조직구성원이 정확하게 이해할 수 없기 때문이다. 따라서 한 조직의 리더는 조직구성원이 이해할 수 있는 정도의 수준으로 자신의 지적 능력을 조정하여 의사소통 과정에 임해야 한다. 이러한 리더십은 조직구성원이 당면한 복잡한 문제를 해결할 수 있는 역량이 어느 정도인지를 파악하는 분석력과 판단력을 포함하게 된다.

둘째, 조직에서의 원활한 의사소통을 위해 리더는 결

단력을 갖춘 리더십을 발휘해야 한다. 여기서 말하는 결단력이란 주어진 일을 끝까지 추진하여 완성하겠다는 판단과 의지를 의미한다. 리더에게 있어서 결단력에 기반을 둔 리더십이란 스스로 결정적 판단을 내릴 수 있는 능력으로 이를 통해 조직구성원은 자신의 과업 수행 과정에서 의사결정권을 가진 리더를 아무런 의심 없이 신뢰하게 된다.

셋째, 의사소통 과정에서 리더는 자신의 언행에 자신감을 표출할 수 있는 리더십을 갖춰야 한다. 자신감은 자신의 유능함이나 역량을 스스로 확신하는 것을 의미하며, 자긍심, 자기효능감 등으로 표현된다. 과업 수행 과정에서 리더가 자신의 의사결정에 자신감 없는 모습을 보이면 조직구성원은 불안해지기 쉽다. 자신감이 넘치는 리더십의 표현을 통해 조직구성원에게 긍정적인 메시지를 전달할 수 있다.

넷째, 성실성에 기반을 둔 리더십 이행은 조직 내 의사소통 과정에 있어서 매우 중요하다. 성실성은 일관된 원칙을 가지고 개인행동에 대한 책임을 지는 자세를 의미한다. 이 같은 리더십 덕목은 리더를 따르는 조직구성원들이 리더를 신뢰하고 그를 믿고 따를 수 있게 하는 근거를 마련해주기도 한다.

다섯째, 리더는 경직되지 않은 사교성을 지닌 리더십을 갖추어야 한다. 사교성은 원활한 인간관계를 구축하는 과정에서 나타나는 심리적 속성이다. 사교성이 좋은 리더는 의사결정 과정에서 개방적이며, 친절하며, 예의가 바르고, 유머가 있는 친밀한 인관관계 형성을 위해 노력하게 된다. 리더가 사교성 있는 리더십을 발휘하게 되면 조직구성원은 적극적인 협동적 관계 구축에 자발적으로 참여하기도 한다.

이처럼 조직의 올바른 의사소통을 위해 필요한 성격의 리더십을 갖추게 되면 조직 내 리더와 구성원 사이에 활발한 상호작용이 이루어지게 되지만, 때로는 리더십에 근거한 조직 내 의사소통 과정에서 여러 가지 제약요인이 나타나기도 한다. 이를 정리하면 다음과 같다.

첫째, 인적 제약요인이다. 이는 리더 스스로가 메시지 전달 기술이나 대인관계에서의 감수성이 부족한 경우에 의사소통 과정에서 리더의 리더십이 제 기능을 발휘하지 못하게 되는 상황을 초래한다. 이 인적 제약요인은 대인관계에서의 긴밀한 의사소통과 정보교류를 저해하게 된다.

둘째, 구조적 제약요인이다. 조직 내 시스템 미비로 인해 전문화된 의사소통이 방해받는 경우, 조직이 환경적 변화를 두려워하거나 그 변화가 조직이 적응하기에는 지나치게 빠른 경우가 이에 해당한다. 리더는 이러한 조직구조에 적응할 수밖에 없음에도 불구하고 그렇게 하지 못하게 되면 조직구성원과의 의사소통 과정에서 여러 가지 제약에 직면할 수 있다.

셋째, 상황적 제약요인이다. 리더와 조직구성원 간 의사소통을 위한 분위기가 제대로 형성되어 있지 않으면, 이러한 상황이 리더와 그를 따르는 조직구성원들에게 심리적 부담으로 다가올 수 있다. 또한 갑자기 밀어닥친 과중한 과업 관련 정보나 시간적 압박 모두 원활한 의사소통을 어렵게 만드는 상황적 요인이다. 이 경우 조직의 리더와 구성원 간에 예상하지 못한 불필요한 오해가 발생할 수도 있다.

3. 올바른 리더십을 행사하는 리더의 역할

조직의 올바른 리더는 바람직한 리더십에 포함되어야 할 특성을 항상 내재화할 수 있어야 한다. 앞서 살펴본 바와 같이 리더의 리더십 발휘는 결국 집단, 조직에서 타인과 관계를 맺는 과정에서 나타나는 일종의 의사소통 과정이기 때문이다. 따라서 의사소통 과정에서의 여러 가지 제약요인을 극복하기 위해서는 다음과 같은 사항이 전제되어야 한다.

첫째, 인적 차원에서의 개선방안이 마련되어야 한다. 리더는 의사전달 시 명료성, 일관성, 적절성, 적시성의 원칙을 고수해야 하며, 조직구성원 개인의 의사전달 능력을 향상하기 위한 교육을 충실히 이행해야 한다. 조직의 원활한 의사소통을 위한 다양한 교육 및 훈련을 통한 인적 차원에서의 노력은 조직의 지속적인 발전을 가져올 수 있다.

인적 차원에서의 개선방안의 일례로 임파워먼트(empowerment) 개념의 중요성이 커지고 있다. 임파워먼트는 리더가 업무수행에 필요한 책임과 권한, 자원에 대한 통제력 등을 조직의 다른 구성원에게 배분, 공유하는 과정을 의미한다. 조직구성원에게 임파워먼트를 보장해준다는 것은 의사소통 과정에서 그들의 자율성이 확보된다는 의미이다. 자율성 부여는 곧 개인에게 주체적 의사결정권을 행사하도록 하는 것이며, 이와 동시에 리더가 조직구성원의 능력을 신뢰하여 그들로 하여금 조직 과업에 많이 관여하게 함으로써 책임감을 갖게 한다는 것이다.

최근 들어 이 임파워먼트가 리더십에서 중요하게 여겨지는 이유는 리더가 자신을 따르는 조직구성원 개인의 잠재 역량 및 자원을 인정하고 발전시켜 나갈 수 있다는 것을 전제로 할 때 조직에서 주목해야 하는 개념이기 때문이다. 임파워먼트는 조직구성원이 직무수행 과정에서 부여받은 권한을 통해 획득하게 되는 신념 및 효과를 지각하게 만드는 동기부여적 측면의 리더십을 실천하는데 있어서 중요한 역할을 하게 된다. 이 심리적 기제를 활용한 의사소통을 통해 인적 차원에서의 개선을 추구하고, 리더와 조직구성원 모두의 활발한 의사결정을 가능하게 하는 기본 조건을 갖출 수 있게 되는 것이다. 그리고 이 과정에서 리더십의 영향력 역시 자연스럽게 강화될 수 있다.

둘째, 구조적 차원에서의 개선방안이 필요하다. 조직 내 리더와 구성원 간 원활한 의사소통을 위해 메시지를 효과적으로 전달하고, 이를 수렴하기 위한 의사소통 네트워크가 구조적으로 자리 잡혀야 한다. 조직의 이 같은 의사소통 개선 노력은 거시적 측면에서 리더십과 의사소통 간 효과적인 관계 형성에 기반을 둔 조직구조 및 환경의 개선으로 이어지게 된다.

셋째, 상황적 차원에서의 개선방안을 강구해야 한다. 조직 내 리더와 구성원 간 상시적인 회의와 토의는 수직적, 수평적 의사전달이 상황에 맞게 자유롭게 이루어질 수 있는 상황적 조건을 마련해줄 수 있다. 특히 조직구성원이면 누구나 거리낌 없이 자신의 의견을 제시할 수 있게 하는 쌍방향적 의사소통 구조를 확립함으로써 신뢰에 근거한 조직문화가 갖추어져야 한다.

이상 살펴본 바와 같이 조직 내 의사소통 과정에서 리더십의 적용은 중요하다. 리더가 조직 내 원만한 의사소통을 위해 갖추어야 할 최소한의 리더십 관련 자질과 요건을 학습하고 훈련해야 하는 이유는 조직구성원이라면 누구나 한 번쯤은 리더가 될 수도 있기 때문이다. 평소 다양한 학습과 훈련을 통해 리더로서의 자질을 확보해두어야 정작 리더가 되었을 때, 조직을 잘 이끌어 갈 수 있다.

올바른 리더십은 의사소통 과정에 대한 연구와 학습, 적용을 통해 빠르게 조직 내에서 자리 잡을 수 있게 된다. 이러한 리더십을 행사하는 리더는 조직구성원이 원하는 것이 무엇인지를 파악하고 그들과 공감대를 이루는 의사소통을 할 수 있어야 한다. 인적 자원으로서의 조직구성원이 지닌 특성, 구조적 환경, 시의성 있는 상황에 대한 통찰력, 문제해결 능력은 리더십의 주요 덕목이라 할 수 있다. 현명한 리더십을 실천할 수 있는 리더란 자신을 포함한 조직구성원의 입장과 조직이 처해 있는 환경을 정확하게 파악하고, 앞으로 직면하게 될 위험 상황을 예측하여 적절하게 대처할 수 있는 능력을 갖추고 있음을 의미한다. 이를 위해 리더는 조직의 위기 상황에도 흔들리지 않는 신속하고 정확한 의사소통 능력을 갖추어야 한다. 이처럼 리더십과 의사소통의 관계성은 한 조직의 지속가능한 유지와 발전에 직접적으로 관련되어 있는 변수라 할 수 있을 것이다.

5장

조직에서의 리더십과 권력

리더십과 상호작용

5 조직에서의 리더십과 권력

1. 조직에서의 권력 유형

리더십은 리더의 목표나 조직의 목적을 달성하려는 행위로 구체화된다. 이 리더십은 조직 내 권력과 밀접한 관련이 있다. 권력(power)은 상대방의 의사와 관계없이 자신의 의사를 관철시키는 강제력을 의미한다. 권력을 행사하는 행위자의 잠재력이나 역량에 따라서 권력 사용이 효율적으로 이루어질 수도 있고, 타인의 반감만 살 수도 있다. 리더십 행사와 권력은 상호 밀착되어 있는데, 이 때문에 몇몇 학자들은 이들을 거의 동일 개념으로 취급하려는 경향을 보이기도 한다. 예를 들어 에치오니(A. Etzioni)는 권력을 '어떤 한 행위자가 다른 행위자로 하여금 자신의 지시나 자신이 지지하는 규범을 수행하도록 설득하거나 영향력을 미치는 능력'이라고 정의하기도 했다. 이 개념 정의는 사실상 리더십에 포함된 여러 개념을 함께 기술하고 있다. 이처럼 최근 리더십을 연구하는 많은 학자들은 리더십과 권력 간 관계성에 대한 논의를 활발하게 진행하고 있다. 권력은 리더십의 필수적인 요소이며, 권력 없이는 리더십의 효과를 발휘하기가 어렵다.

일찍이 번스(J. M. Burns)는 리더십이 단순한 권력 보유나 잔인한 무력과는 다르다고 주장했다. 리더십을 상호설득, 교환, 변환의 과정을 포함하는 권위적이고 합법적인 권력이라 본 것이다. 이 관점에서 보면 권력이 없는 리더는 사실상 리더가 아닐 수도 있음을 짐작할 수 있다. 결국 리더십은 조직구성원으로 하여금 사전에 결정된 목표를 추구하도록 이끄는 것인데, 이때 리더의 영향력을 받아 일하게 되는 조직구성원은 보통 리더의 뛰어난 특성이나 행동에 의해서만 목표를 향해 움직이지는 않는다. 리더가 조직구성원에게 행사하는 처벌, 보상과 같은 권력의 영향 역시 리더십 발휘의 중요한 수단이 될 수 있는 것이다. 여러 학자들이 리더십 효과와 관련한 영향 변수로서 권력에 대한 연구를 꾸준하게 진행하는 것도 바로 이러한 이유 때문이다.

이와 관련하여 프렌치와 레이븐(J. R. P. French & B. H. Raven)은 중립적인 입장에서 권력의 개념을 연구한 결과, 권력을 권력 수용자에 대한 영향력, 그들의 행동, 태도, 목표, 가치관, 욕구 등에 관한 변화의 산출이라는 관점에서 정의하기도 했다. 그리고 사회적 권력 유형을 구체적으로 제시하기도 했는데, '보상적 권력,

강제적 권력, 합법적 권력, 전문성 권력, 준거적 권력'이 그것이다. 또한 이 다섯 가지 권력 유형은 상호 독립적으로 존재할 수 없기에 상호 의존적이며 중복적이라 하였다. 최근에는 이들 권력 유형에 레이븐이 분류한 '정보 권력'과 프렌치와 레이븐이 함께 도출한 결사체를 통한 '배경 권력(association power)'이 추가적으로 포함되어 권력 유형이 연구되고 있다. 〈표 5-1〉은 조직에서 관찰되는 권력 유형을 프렌치와 레이븐이 제시한 권력 유형을 기초로 종합하여 정리한 것이다.

결국 이러한 권력 유형들은 한 조직에서 리더십이 이행되는 과정에 중요한 영향을 미치게 된다. 왜냐하면 조직에서의 리더십과 권력 간에는 서로 밀접한 상호작용이 이루어지기 때문이다.

〈표 5-1〉 권력 유형

권력유형	내용
보상적 권력	• 권력 보유자가 보상을 제공할 수 있는 능력을 가지고 있음에 대한 권력 수용자의 지각에 근거를 둠
강제적 권력	• 권력 보유자가 과업 수행에 대한 명령을 지시할 수 있음에 대한 권력 수용자의 지각에 근거를 둠 • 권력 보유자에 의해 통제된다고 믿으면서 자신들이 직면할지도 모르는 처벌을 피하기 위해 따름
합법적 권력	• 권력 보유자가 행동을 규정할 수 있는 공인된 권리를 가지고 있음에 대한 권력 수용자의 지각에 근거를 둠 • 권력 보유자는 요구할 권리가 있고 그를 따를 의무가 있다고 믿기 때문에 따름

권력유형	내용
전문성 권력	• 권력 보유자가 특별한 전문 지식을 가지고 있음에 대한 권력 수용자의 지각에 근거를 둠 • 권력 보유자가 업무와 관련하여 최선의 방법에 관한 특수한 지식을 갖고 있다고 믿기 때문에 따름
준거적 권력	• 권력 수용자가 동일시하고 싶은 특성을 권력 보유자가 가지고 있음에 대한 권력 수용자의 지각에 근거를 둠 • 권력 보유자를 찬양하거나 그와 동일시하며 인정받기를 원하기 때문에 따름
정보 권력	• 권력 보유자가 정보적 의사소통을 하고 있음에 대한 권력 수용자의 지각에 근거를 둠 • 권력 수용자는 자신이 가지지 못한 정보를 권력 보유자가 소유 및 통제한다는 믿음이나 의존성 때문에 따름
배경 권력	• 권력 보유자가 다양한 권력을 가진 사람들과 연결되어 있음에 대한 권력 수용자의 지각에 근거를 둠 • 권력 보유자가 유력 인사와 연결되어 있다는 믿음을 갖고 있기 때문에 따름

자료 : 신응섭 외(2011).

한편 유클(G. Yukl)은 조직 내 권력의 근원과 관련하여 권력을 '지위 권력(position power)'과 '개인 권력(personal power)'으로 나누어 분석했다. 지위에 의해 나타나는 권력의 근원은 공식적 권한, 자원과 보상에 대한 통제, 처벌에 대한 통제, 정보에 대한 통제, 생태환경학적 통제 등으로, 개인 권력의 근원은 전문성, 우정 및 충성심, 카리스마로 범주화할 수 있다.

먼저 지위 권력의 하위 범주를 살펴보면 다음과 같다. 첫째, 공식적 권한은 때로 합법적 권력으로 불리기도 한다. 권한은 조직 내 특수한 직책과 관련된 특권,

의무, 책임에 관한 지각에 기초한다. 권한은 권력과 같이 타인에게 영향력을 미칠 수 있는 잠재력이지만, 권한이란 단어 속에는 합법적이고 윤리적인 정당성의 의미를 내포하고 있다.

둘째, 지위 권력의 다른 근원은 자원과 보상에 대한 통제이다. 이 통제는 부분적으로는 공식적 권한으로부터 비롯된다. 조직의 권한 체계에서 한 개인의 지위가 높을수록 그가 보유한 자원에 대한 통제권은 더 커진다고 볼 수 있다. 특히 리더를 따르는 조직구성원들도 보상적 권력을 가질 수 있다. 비록 리더의 지휘 아래에 있긴 하지만 그들 역시 리더의 평판, 급여 인상 및 승진 가능성에 간접적인 영향을 미칠 수 있다. 조직구성원이 열심히 일할 경우, 그들을 관리하는 리더의 평판은 함께 좋아질 것이다.

셋째, 지위 권력의 또 다른 근원은 처벌에 대한 통제로 원하는 보상을 받지 못하도록 방해하는 통제이다. 때로는 이런 형태의 영향력을 강제적 권력으로 부르기도 한다. 한 조직의 공식적 권한 체계와 전통에는 대개 보상뿐만 아니라 처벌 사용에 관한 내용도 포함되어 있다.

넷째, 지위 권력을 통해 정보를 통제할 수 있다. 이 통제에는 중요한 정보에 대한 개인적 접근과 타인으로의 정보 분배에 대한 통제가 포함된다. 정보로의 접근 허용 여부는 대부분 조직의 의사소통망 내에 위치한 한 개인의 지위에 의해 결정된다. 인사나 정보 관련 직책을 맡고 있는 리더는 가끔 자신의 부하나 동료들이 직접 접할 수 없는 정보를 획득할 수 있는 기회를 제공받는다.

다섯째, 조직구성원의 행동에 영향을 미치는 직위 권력의 하위 범주 중 하나는 물리적 환경, 기술 및 업무 조직화를 통한 생태환경학적 통제이다. 이것은 물리적, 사회적 조건들을 조작하여 사람들의 행동에 간접적으로 영향을 미치는 것이다. 이와 함께 직무 설계를 변경할 수 있는 권리를 가진 리더는 자신의 부하들의 동기 유발에 잠재적인 영향력을 행사한다. 더 나아가 물리적 작업 환경에 대한 통제를 통해 리더십의 이행 여부가 결정되기도 한다. 한 개인의 행동은 부분적으로는 상황적 기회와 구속에 대한 인식에 의해 결정되기 때문에 환경이나 상황을 재배열하여 개인의 행동을 변화시킬 수 있다.

리더가 조직 전체의 과업 목표 달성에 조직구성원이 참여하도록 유도할 수 있다면 리더가 보유한 지위 권력의 긍정적인 행사로 판단할 수 있다. 하지만 지위 권력이 조직 내 부하들로부터 냉담한 외면을 받게 된다든지 부정적인 내적 저항을 유발하는 방식으로 이용된다면, 조직의 공통된 성과를 이루지 못할 뿐만 아니라 오히려 방해를 받을 수도 있을 것이다.

한편 상술한 지위 권력 외에 개별 조직구성원으로서의 리더 스스로에게 내재한 특성 차원에서 나타나는 개인 권력의 근원을 살펴보면 다음과 같다. 첫째, 조직에서 개인 권력의 한 가지 중요한 근원은 문제해결과 주요 과업 수행에서 발휘되는 개인의 전문성이다. 전문성은 사람들이 자신에게 필요한 조언과 도움을 받기 위해 다른 사람에게 의존하게 되는 경우에 한해서 권력의 근원이 된다. 이는 특수한 지식과 기술을 보유한 사람에 대한 의존성이 지속될 때도 마찬가지이다. 따라서 일부 리더들은 전문성의 가치가 상실되지 않도록 자신이 알고 있는 지식과 내용을 비밀에 부치거나, 과업이 복잡하고 신비하게 보이도록 특수한 기술적 용어를 사용하고 과업 절차와 관련한 대안적 정보의 근원을 파괴해 버림으로써 자신의 전문성 권력을 보호하려 하기도 한다.

이 전문성 권력은 조직구성원이 리더에게 가할 수 있는 상향 권력의 근간이 되기도 한다. 특히 고도로 관료적인 조직에서는 규칙, 과업 등과 관련한 지식이 부하의 대응 권력을 이루는 수단이 된다. 만약 어떤 조직에 새로운 리더가 부임하는 경우, 대개 해당 조직의 관행 절차에 대해 조언해 주는 기존의 조직구성원에게 당분간은 의존적일 수밖에 없게 된다. 그리고 때로는 그 규칙과 규정이 조직구성원에게는 리더가 요구한 과업을 이행하지 않아도 되는 구실로 활용되기도 한다.

둘째, 충성심이나 유대감 역시 조직 내 개인 권력의 근원이 될 수 있다. 권력의 중요한 요소 중 하나가 바로 강한 정서적 유대감을 느끼는 인물의 마음에 들고 싶어 하는 조직구성원의 욕구이다. 일반적으로 누군가에게 깊은 충성심이나 친밀감을 느끼는 사람들은 항상 그에게 호의를 베풀려고 노력하거나 동일시하려는 심리적 감정을 발전시켜 그와 유사한 행동을 하거나 모방하려는 경향성을 보이게 된다. 리더와 조직구성원 사이에서 형성되는 이러한 준거적 권력은 장기간에 걸쳐 서서히 자리 잡게 된다.

셋째, 개인 권력의 또 다른 근원으로 카리스마가 있다. 한 조직의 리더가 보유하고 있는 개인적 카리스마를 준거적 권력의 한 형태로 볼 것인지, 아니면 다른 권력 형태로 취급하는 것이 옳은지는 학자마다 서로 다른 의견을 갖고 있다. 대다수의 조직구성원들이 카리스마적 리더에게 자신을 동일시하며, 그에게서 강한 정서적 매력을 경험하는 것으로 알려져 있다. 리더의 이러한 특성은 상징, 신화, 의식, 각색된 이벤트를 통해 전달된다.

지금까지 살펴본 바와 같이 조직에서의 권력 사용 효과에 관한 연구는 리더십의 형성 배경과 밀접한 관련이 있다. 리더는 리더십을 발휘하여 자신을 따르는 조직구성원들에게 여러 가지 영향을 미칠 수 있다. 이에 사람들은 권력 연구를 통해 리더가 조직 내 구성원들에게 어떤 다양한 방식으로 영향을 미치는지를 알 수 있게 된다.

2. 리더십과 권력의 관계

조직은 변화하는 외부 환경에 적응하기 위해 끊임없이 변화하게 된다. 환경의 압력에 의해 조직 간 합병이나 다른 지역으로의 이전과 같은 급격한 변화가 야기되기도 한다. 조직 내 다양한 변화에 대한 학습은 조직구성원들이 행하는 상호작용의 본질을 파악하기 위한 시작이라 할 수 있는데, 이를 가리켜 조직학습(organizational learning)이라고 한다.

조직학습은 조직이 새로운 지식이나 도구, 행동, 가치관을 습득하고 이를 활용하기 위해 노력하는 과정이다. 조직 내 모든 차원, 즉 개인과 하위집단뿐만 아니라 시스템 전반에 걸쳐 조직변화가 수시로 나타나기 때문에 조직구성원은 자신의 과업이나 외부 환경과의 상호작용에 대해 꾸준하게 학습해야 한다. 또한 그들은 공통의 목표를 달성하기 위해 다른 내부 구성원이나 외부 환경과 협력해야 하는 경우에 직면하기도 한다. 조직의 리더는 이러한 상호작용을 바탕으로 피드백을 주고받으며 미래의 변화에 대응하게 된다. 조직학습을 통해 리더와 조직구성원에게 체화된 지식은 조직의 발전을 위한 목표와 절차, 역할구조의 개편 과정에 있어서 중요한 수단이 된다.

조직 내에 존재하는 리더는 조직의 생존을 위한 기술과 여러 가지 육체적 · 정신적 활동을 최소한도 이상으로 습득해야 한다. 이를 통해 리더는 조직구성원들이 조직 외부에 존재하는 위험 요소에 대응하도록 관련 지침을 마련해줄 수 있다. 또한 광범위한 훈련을 통해 조직구성원들이 해당 지식과 기술을 실무에 활용할 수 있도록 구조화할 수 있다.

조직학습에는 조직구조의 유지와 혁신에 유용한 다양한 학습유형이 있다. 유지학습은 현존하는 체제 또는 정립된 삶의 방식을 유지하기 위해 고안된 학습이다. 반면 혁신학습은 동요와 변화, 불확실성의 시대에 대응하고자 변화와 쇄신, 구조조정, 문제 재정의 등을 추구하여 장기적 생존을 도모하려는 학습이다.

리더가 자신을 따르는 조직구성원들에게 지속적인 교육과 성장 기회를 제공해야 하는 이유는 조직구성원이 업무수행에 필요한 전문성 부족으로 낙오하거나 이탈하지 않도록 하기 위함이며, 리더가 조직 내에서 상당 부분의 권력과 권한을 위임받게 되는 것도 이 때문이다. 리더는 그 권력의 크기만큼 조직을 이루는 구성원들의 일에 대한 열망과 의지를 간과해서는 안 된다. 리더는 조직학습을 통해 조직구성원이 성장할 수 있도록 명확한 방향을 제시하고, 그에 따른 적절한 교육 지원을 해야 한다.

조직은 일반적으로 계급관계를 통해 위계화되어 있으며, 이 위계관계는 다시 권력관계로 이어지게 된다. 다른 말로 표현하면 조직은 계급에 따른 권력 운용의

도구로 운영될 수도 있음을 의미한다. 더불어 조직의 규칙에 동조하는 방식이 곧 권력의 속성이 될 수도 있다. 권력관계는 관계를 맺어야 나타나며, 그 권력이 행사되었을 때 뒤늦게 조직 내 관계에 숨어 있는 의미를 알게 될 수도 있다. 이 같은 권력의 관계적 속성 때문에 권력에 영향을 받는 사람이 자신과 타인 또는 다른 조직과의 관계에 내재된 권력의 속성을 의식적으로 인지하느냐의 여부가 권력관계를 결정짓는데 중요하게 작용하게 된다. 왜냐하면 권력에 영향을 받는 사람이 권력 행사자의 특정 행위를 권력 행위로 해석하게 되었을 때에만 그 해석에 따라 반응을 할 것이기 때문이다.

권력 개념에 사람들이 자신에게 영향을 미치는 권력관계를 스스로 인정하는 자발성 개념이 포함될 경우, 권력 행사의 정당성이 보장된다. 일부 학자들은 이러한 사회적 산물을 가리켜 권위라고도 한다. 따라서 조직의 리더는 권력 행사의 이 같은 정당성을 획득하고자 노력하게 되는데 이것이 바로 리더십의 원류를 형성하게 되는 것이다. 일반적으로 권력은 대인관계에서 많이 나타나지만, 하위조직 및 부서 간 권력도 조직구성원에게 많은 영향을 미친다.

한편 권력은 수직적 차원뿐만 아니라 수평적 차원에서도 행해진다. 자신이 바라는 것을 얻기 위해 타인의 저항을 극복해야만 할 때, 명백히 권력을 행사하게 된다. 예를 들어 조직 내 예산분배를 비롯하여 보수, 승진, 기타 다양한 자원의 할당과 같은 문제들이 대두될 때, 권력 행위자가 권력 수령자를 어떻게 설득할지가 리더십의 관건이라 할 수 있다. 권력을 행사하고자 하는 리더는 자신의 권력을 유지하기 위해 권력 행위에 노출된 사람들이 본인에게 주어진 역할과 의무를 인식하도록 고의로 강력한 강제력을 발동하는 방식으로 권력을 행사하기도 한다.

일반적으로 조직 내 권력관계가 성립되는 과정은 조직의 성격에 따라 다르게 나타난다. 조직 내 권력관계의 양태는 '계선(line)조직'과 '참모(staff)조직'에서 서로 다른 모습을 보인다. 첫째, 계선조직은 행정상 수직적 명령계통이 정립되어 직접 업무를 수행하는 조직을 의미한다. 이 조직 유형은 업무수행 과정이 효율적이라는 장점과 함께 리더는 효과적인 업무수행을 위해 강력한 리더십을 발휘할 수 있다. 둘째, 참모조직은 계선조직이 원활하게 운영되도록 기획, 자문, 협의, 정보수집, 통제, 인사, 조사 등의 기능을 수행하는 조직을 의미한다. 이 조직 유형에서는 참모들의 전문적인 지식과 경험이 활용되어 리더는 합리적인 지시와 명령을 내릴 수 있다. 물론 업무의 수평적 조정과 협조가 이루어지더라도 의사소통 과정에서 조직구성원 간, 부서 간 갈등이 나타날 수도 있다. 의사소통 과정에서의 이 같은 혼란을 막는 것이 리더십의 주요 역할이라 할 수 있다.

조직 내에 권력이 만들어지면 리더십 발휘 과정에서

조직구성원 간 파벌이나 연합이 형성될 수 있다. 이익 추구를 위해 계선을 넘어선 개별 구성원들의 집단화가 이루어지는 것이다. 파벌이나 연합에 가담한 당사자는 내부 조직원들로부터 자신의 권력 행사를 보호받기도 한다. 이 같은 이유로 네트워크는 권력 행사에 중요한 영향을 미치는 구조적 환경이라 할 수 있으며, 사람들이 연결망을 통해 다양한 동맹을 맺는 것 역시 그 권력 분배 과정에서 우위를 차지하고 싶어 하기 때문에 나타나는 현상이다. 따라서 조직 내 이러한 집단화된 권력 관계를 관리, 조정하는 리더십은 매우 중요하다. 왜냐하면 일단 조직에서 권력을 수령한 사람은 그 권력을 계속 유지하려는 경향이 있기 때문이다. 이러한 권력 행사로 인해 리더십 딜레마(leadership dilemma)가 발생할 수도 있다. 자신의 권력 유지와 조직의 이해관계를 동시에 충족시켜야 하는 상충된 가치문제가 나타날 수 있는 것이다. 조직의 권력 행사 과정에서 직무에 표명된 노력과 관심은 조직 내 과업에 대한 관여도를 나타내며, 그 정도가 높을수록 권력 행사에 유리하게 작용한다. 따라서 조직 내 리더십은 기본적으로 권력을 둘러싼 이해관계 충돌에서 비롯된 갈등을 조율하고 관리하는 과정이라 할 수 있다.

조직 내 리더십을 이해하기에 앞서 먼저 특정 권력의 의미와 출처에 대해 살펴보아야 한다. 리더는 리더십의 주요 목적을 수행하기 위해 권력을 필요로 한다.

권력 없이는 자신의 목적 달성을 위해 다른 조직구성원들을 이끌어 가기가 어렵다. 따라서 대부분의 사회에서는 리더에게 권력이라는 커다란 특권을 부여하고 있는 것이다. 최근에는 조직들이 권력분배와 관련하여 형평성 가치와 같은 질적 측면의 새로운 관리 철학을 수용하면서 권력 분권화에도 관심을 갖기 시작하고 있다.

한편 리더가 조직 내에서 권력을 사용할 때, 다른 구성원들은 헌신, 복종, 저항 등의 심리적 단계를 거치게 된다. 헌신은 조직의 리더를 따르는 사람들이 리더의 권력 행사 과정을 합법적이라고 받아들일 때 발생한다. 반면 부하들이 리더의 요구를 따른다 할지라도 개인적 수용에 대한 정당성을 느끼지 못한다면 리더의 명령에 깊게 헌신하지 않는다. 이 경우에는 단순히 겉으로 보이는 복종의 반응이 나타난다. 즉 부하들은 리더의 말을 듣지 않으면 안 되는 상황이기 때문에 리더를 따르게 되는 것이다. 마지막으로 권력 행사를 하는 리더의 명령을 도저히 따를 수 없다고 판단되면, 조직 내 구성원들은 다양한 형태의 저항을 하기도 한다.

일반적으로 한 조직 내에서 리더를 따르는 조직구성원들은 리더의 리더십 행사에 저항을 하기가 어려운 경우가 많다. 그 결과 리더는 자신의 부하가 자발적인 행동이나 의사결정을 할 줄 모르는 것으로 착각하는 경우도 있다. 이 때 리더는 본인 자신이 조직의 모든 능력의 출처라고 인식하고 권력을 활용하여 조직구성원으로 하여금 더 복종하도록 강압적인 방법을 사용하는 잘못된 리더십을 발휘하기도 한다. 하지만 과도한 복종을 강요하는 리더십을 행사하는 리더는 도덕적 가치관을 상실할 가능성이 높으며, 이로 인해 조직구성원은 자신의 과업 수행과 관련하여 현재 리더가 아닌 조직의 다른 규칙이나 다른 리더의 리더십에 영향을 받기를 원하게 된다. 그 결과 조직 내 구성원들은 리더에게 저항하게 되고, 리더는 조직구성원들의 신뢰성을 잃어버리게 된다. 자연스럽게 리더의 리더십도 효과성이 떨어지게 된다. 조직 내 권력관계에서 흔히 발생하는 부정부패는 리더가 자신의 리더십 원천을 제대로 파악하지 못하고 부하의 능력을 평가절하했을 때 나타나기 쉽다. 따라서 리더는 조직 내 자신의 리더십 실현 과정에 유익하지 못한 권력이 유입되지 않도록 지속적인 자기 감시를 할 수 있어야 한다. 결국 리더의 이러한 자기 성찰 노력이 한 조직 내 권력에 기반을 둔 올바른 리더십이 꾸준하게 유지되는 계기가 될 수 있다.

6장

리더십과 윤리

리더십과
상호작용

6 리더십과 윤리

○○●○○

조직이 추구하는 과업 수행의 효과성 논의를 위해 리더십의 다양한 기능들이 학술적으로 꾸준하게 논의되어 왔다. 이에 더하여 최근 현대사회에서는 공공기관, 기업 등에서 환경, 사회적 가치, 지배구조 등의 윤리적 조직 운영 질서를 강조하는 사상들이 부각되고 있다. 여러 리더십 범주 중 이 같은 공공적 가치관을 담고 있는 리더십 유형을 윤리적 리더십(ethical leadership)이라고 한다. 조직의 리더가 도덕적 가치에 입각한 윤리적 리더십을 어떻게 실현하는가에 따라 조직이 지속가능하게 생존, 발전할 수 있을지의 여부가 결정되는 시대가 도래한 것이다.

1. 윤리적 리더십의 특징 및 실행 결과

권력을 조직 운영 수단으로 활용해야 하는 리더는 조

직구성원에게 이를 남용해서는 안 된다. 왜냐하면 리더의 권력 행사는 조직 내 구성원들의 삶에 광범위한 영향을 미칠 수 있기 때문이다. 리더 개인의 윤리를 판단하는 주요 기준들은 리더의 가치관, 도덕적 의도, 선택의 자유 보장 등 다양한 형태로 나타날 수 있다. 일반적으로 어떤 사안에 대한 선택을 하고 행동으로 옮길 때, 사람들은 그것이 윤리적인지 아닌지에 대해 나름대로 고민하며 판단 기준을 세운다. 윤리적 리더십으로 명명되는 리더십 범주에서는 리더 행위의 목적과 수단, 특정 행위로 인한 결과 등을 종합적으로 검토하게 된다.

리더십과 윤리 관련 연구에서 보편적으로 다루고 있는 내용은 어떤 특성을 지닌 사람이 리더가 되어야 하는가에 대한 고민과 과연 리더는 자신이 속한 집단에서 어떤 행위를 해야 하는지에 대한 선택 과정에 관한 질문이라 할 수 있다. 리더십에 적용되는 윤리적 가치는 리더의 행위에 내재한 인간의 본성과 도덕성 가치를 내포하고 있다. 어떤 의사결정 과정에서나 윤리적 쟁점들이 명시적 또는 암묵적으로 내재해 있다. 기본적으로 리더는 주어진 상황에서 선택을 통해 어떤 의사결정을 해야 할지를 고민해야 하는 존재이다. 그리고 그 선택과 의사결정 및 실행 과정에서 윤리는 항상 중요한 선택 기제로 작용하게 되는 것이다.

이처럼 리더가 윤리적 리더십에 민감하게 반응하고 이를 자신의 행동에 적용하기 위해 노력해야 하는 이유는 리더를 따르는 조직구성원들이 그의 리더십 실천 과정에 여러 가지 이유로 많은 기대를 하기 때문이다. 조직구성원은 리더의 윤리성에 근거하여 현재의 과업 성과가 조직의 존립에 긍정적인 영향을 주는지, 그리고 자신의 삶에도 도움이 될지를 가늠하게 되는 경우가 많다.

리더가 윤리적 리더십을 실천하는 과정에서는 이해관계자 간 복잡한 거래관계에 대한 올바른 판단이 요구된다. 오랜 기간 관계를 맺어온 다른 조직과의 상호작용에서 과거에 결정한 의사결정이 현재 리더가 속한 조직의 구성원들에게 도움을 줄 수는 있으나, 곧 해당 이해관계가 손해를 가져다 줄 수 있다고 판단되면, 리더는 그 복잡한 이해관계 속에서 자신이 속한 조직의 구성원의 피해를 최소화하기 위한 조율은 물론 그동안 관계를 맺어온 타 조직과의 갈등을 어떤 방법으로 줄일 수 있을지에 대해서도 고민해야 한다. 이처럼 성과 위주의 합리성만을 추구할 것이 아니라 공존의 가치를 함께 고려하는 윤리적 리더십이 의사결정 과정에 적용되어야 하는 경우가 많다.

윤리적 리더십은 결국 리더와 조직 내 구성원 간 상호작용을 더 원활하게 해줄 수 있는 중요한 무형의 매개물이 될 수 있다. 최근 윤리적 리더십에서 강조하는 개념 중 하나가 진정성 리더십(authentic leadership)이다. 진정성 리더십은 윤리적 리더십과 관련한 여러 가지 기존 가치를 품고 있는 리더의 신뢰관계를 대변해

주는 리더십 유형이다. 진정성 리더십을 갖춘 리더는 이타심, 친절, 공정함, 책임감과 같은 윤리적 가치를 내재화하고 있다. 그들은 조직 내 다른 구성원들을 위해 올바르고 공정한 의사결정을 하며, 높은 수준의 상호 신뢰관계를 근거로 정직한 소통체계 정립에 매진한다.

진정성을 갖춘 리더는 자신이 평소 인식하고 있는 윤리적 가치관과 신념을 토대로 높은 공감능력을 통해 타인의 입장에서 이해하려는 노력을 많이 하게 된다. 이 진정성 리더십에 의한 상호관계는 리더의 행동이 리더 자신의 가치관에 부합되는 일관성과 함께 리더십 실천을 위한 권력 행사가 일방향적이지 않다는 의미를 지니고 있다. 진정한 관계는 리더를 따르는 조직구성원들의 가치를 충분히 반영하여 신뢰관계가 형성되었을 때 구성될 수 있다.

2. 윤리적 리더십의 범주와 윤리적 행동

윤리적 리더십은 타인을 존중하고, 그들을 위해 봉사하며, 정의의 가치 아래 공동체를 구축해야 한다는 이념적 범주로 구성된다. 인간을 대할 때 수단이 아닌 목적으로 대하는 것이 중요한데, 이렇게 하려면 타인의 가치, 신념, 행위 등을 존중해 주어야 한다. 따라서 리더는 자신이 생각하는 가치가 아무리 옳다고 판단되더라도 자신을 따르는 다른 조직구성원들의 근본적인 가치관과 신념을 짧은 시간에 한꺼번에 바꾸려고 시도해서는 안 된다. 리더는 본인과 자신을 따르는 조직구성원 간 생각 차이를 인정하고, 그 차이에 대한 암묵적인 물음을 스스로에게 제기하여 가치의 옳고 그름을 먼저 성찰하는 과정을 거쳐야 한다.

윤리적 리더십을 갖춘 리더의 행동을 이끄는 인격과 관련하여 여러 가지 연구가 진행되었으나, 학자 및 관련 실무자들은 주로 여섯 가지의 행동 특성 범주 속에서 윤리적 리더십을 실현한다. 이를 정리하면 '신뢰성, 존중, 책임감, 공평성, 배려, 시민의식' 등으로 범주화할 수 있다.

첫째, 리더의 행동에 신뢰성을 갖춰야 한다. 신뢰성의 복합적인 개념 때문에 사람들은 신뢰성의 근간을 주로 성실성, 정직성 등의 윤리적 가치로 구체화하여 규정하기도 한다. 이 윤리적 가치는 리더십 범주를 아우르는 가치의 가장 기본이 되는 구조를 제공한다. 신뢰성에 포함된 성실성과 정직성은 리더십의 효과성을 검증하는데 중요하게 작용하게 된다.

둘째, 리더는 타인을 존중하는 행동을 해야 한다. 리더는 조직구성원 간 다양한 가치의 차이에 대해 배려와 관용의 정신을 발휘하여 그들의 생각을 존중하려고 노력해야 한다.

셋째, 리더 자신의 의사결정과 행동에 책임감을 가져

야 한다. 윤리적 리더는 자신의 언행에 책임을 지고, 행동하기 전에 생각하고 자제력을 행사해야 하며, 자신의 판단과 행동으로 나타난 결과를 스스로 고려해야 한다.

넷째, 리더는 과업 수행 과정에서 공평성의 원칙을 지켜야 한다. 이는 편견 없는 상태에서 리더 자신의 감정에 휘둘리지 않고, 이성적으로 균형을 유지하여 공정성 기준을 준수하는 행동을 해야 함을 의미한다.

다섯째, 리더는 업무 처리 과정에서 관련 조직구성원을 배려해야 한다. 이 윤리적 기준은 의사결정 과정에서 중요하게 적용된다. 리더는 진정으로 윤리적이면서 동시에 조직구성원에게 평안함을 주는 행동을 해야 한다. 타인의 행복에 대한 무관심은 결국 그들과의 좋은 관계 형성을 어렵게 만들 수 있다.

여섯째, 리더는 공동체성에 근간을 둔 시민의식이 함양된 행동을 해야 한다. 현재와 미래 세대를 위해 조직 내에서의 자원배분과 관련한 의사결정을 공정하게 해야 한다. 그리고 공동체의 일부로서 존재하는 다양한 환경을 보호해야 한다. 리더는 이러한 시민의식의 실천을 통해 리더 본인이 소속된 조직의 공동의 목표를 고려한 의사결정을 할 수 있어야 한다.

이처럼 윤리적으로 정당하다고 여겨지는 공통의 기준을 준수하고, 정보제공 및 의견수렴 과정에서 정직하고 솔직하게 상호관계를 맺는 것은 리더가 리더십을 윤리적으로 실천하기 위한 중요한 활동 지침이라 할 수 있다.

올바른 윤리적 리더십을 평가하는 기준은 리더의 가치관, 의도와 함께 리더의 행동이 도덕적으로 정당한 가치를 담고 있는지의 정도에 의해 일반적으로 정해진다. 윤리적 리더십을 평가할 때에는 성과지향적인 과업수행 과정보다는 조직구성원 전체의 삶의 질 향상을 위한 조직 운영이 더 강조된다. 이는 리더가 조직 내 과업 수행 관련 모든 과정에서 조직구성원의 인간으로서의 존엄성과 그들의 다양한 경제적 · 문화적 욕구, 이해관계 등을 폭넓게 고려할 수 있어야 하고, 더 나아가 올바른 조직 운영을 위한 윤리적 환경을 정립해야 함을 의미한다.

3. 비윤리적 리더십의 부정적 영향

리더가 윤리적 기준에 모두 합당한 리더십을 행사하는 것은 아니다. 올바른 윤리적 리더십 개념을 파악하기 위해서는 리더십이 비윤리적으로 실현되는 과정을 아는 것도 중요하다. 소위 유해한 파괴적 리더십(destructive leadership)으로 명명되는 비윤리적 리더십은 여러 가지 점에서 리더가 속한 조직구조에 부정적인 영향을 미치게 된다.

리더 개인이 자신의 이해관계에 맞게 권력을 전용하는 행위, 불성실과 거짓으로 조직구성원이 신뢰할 수 없게 만드는 행위, 조직구성원을 계속 부정적으로만 평가하면서 존중하지 않는 행위, 자신이 한 의사결정을 조직구성원의 책임으로 떠넘기는 행위, 과업 수행 및 자원배분 과정에서 공평성을 잃은 의사결정, 공동체성을 무시하고 리더 자신의 이익만을 추구하는 과업 지시 행위 등은 조직구성원으로 하여금 그들이 속한 조직에 대한 소속감을 가질 수 없게 만드는 비윤리적인 리더십이라 볼 수 있다.

결국 이 같은 비윤리적 리더십은 리더와 그를 따르는 조직구성원들이 포함된 조직구조를 매우 불안정하게 할 수 있다. 조직 내 구성원으로서의 정체성을 무디게 만들며, 조직에서 이탈하고자 하는 욕구를 발생시킨다. 또한 조직구성원은 외부 환경으로부터의 위협뿐만 아니라 조직 내부에서 자신의 삶을 위협하는 위험 요소들을 인식하게 되면서 불안정한 심리 상태에서 과업을 수행하게 된다. 이 경우, 조직구성원은 불필요한 경쟁심리가 발동되기도 하고, 공모, 결탁 등의 부정적인 인간관계의 유혹에 노출되기 쉽다.

이처럼 한 조직의 리더가 지녀야 하는 윤리적 리더십은 조직 전체 구성원들의 일상생활에 직접적인 영향을 미칠 수 있다. 따라서 리더는 올바른 윤리적 리더십을 통해 조직구성원에게 정의로운 가치를 표현함으로써 조직의 통합과 발전을 위해 힘써야 한다.

4. 윤리적 리더십을 적용한 리더의 목표 추구 행위

윤리적 리더십을 추구하는 리더는 무엇보다도 자신의 윤리적 가치 및 그에 따른 행위가 조직이 근본적으로 추구하는 목표를 확인하는데 중요한 수단이자 목적이 될 수 있음을 잊어서는 안 된다. 정당하고 가치 있는 목표를 추구하는 것은 대부분의 조직에 내재해 있는 조직의 존재 이유이기도 하다. 따라서 리더는 조직의 목표 달성에 자신의 윤리적 리더십을 적용하는 과정에서 반드시 자신의 목표와 자신을 따르는 조직구성원들의 목표, 그리고 조직 전체의 목표를 함께 고려할 수 있어야 한다.

흔히 조직구성원의 목표와 조직 전체의 목표가 일치하는 것이 조직 운영에 효율적이지만, 세세한 각론적인 내용까지 따지게 되면, 이 두 목표가 미묘하게 일치하지 않는 경우도 생길 수 있다. 따라서 리더는 어떤 선택과 의사결정이 더 윤리적으로 옳은지 또는 더 정당한지를 성찰하고 그 판단 기준을 의사결정 과정에 바르게 적용할 수 있어야 한다.

또한 어떤 선의의 조직 목표를 추구하는 과정에서도

서로 다른 범주의 하위개념 및 상위개념의 윤리적 가치가 공존하는 상황이 발생할 수 있다. 이 경우 두 선의의 가치 중 어떤 윤리적 가치를 우선시해야 하는지의 여부 역시 리더의 목표 추구 행위 과정에서 중요하게 고려해야 할 사항이라 할 수 있다.

더 나아가 윤리적 리더십을 발휘하여 과업을 수행할 때, 과업 수행 과정과 결과 간 윤리성이 상충될 수 있는 상황에 직면할 수 있다. 이 경우 역시 윤리적 리더십의 의미에 대한 본질적인 성찰이 함께 뒷받침되어야 현명한 의사결정을 할 수 있게 된다.

리더는 윤리적 리더십을 적용한 목표 추구 행위에서 다양한 상황적, 환경적 요인을 함께 고려해야 한다. 리더는 평소 윤리적 리더십을 내재화하는 과정에서 스스로 끊임없이 연구하고 고민해야 한다. 복잡성의 문화구조가 정립된 현대 시기에는 다양한 조직구성원의 가치 및 이해관계를 고찰하고 서로 비교하면서 조직에서의 의사결정 과정에서 더 올바른 윤리적 판단을 할 수 있도록 리더 스스로 체계적인 연구와 훈련을 해야 할 것이다.

7장

리더십과 조직문화

리더십과 상호작용

7 리더십과 조직문화

○○●○○

1. 조직문화의 개념 및 조직문화의 기능을 바라보는 관점

지금까지 문화의 의미에 대해서 고찰한 여러 연구가 존재하지만, 이를 간략하게 하나의 개념으로 정리하는 것은 불가능하다고 볼 수 있다. 그만큼 문화는 수많은 개념상의 스펙트럼을 갖고 있기 때문이다. 그럼에도 불구하고 개괄적으로 문화를 정의하면, 한 사회를 구성하고 있는 사람들이 공통적으로 지니고 있는 가치관, 신념, 이념, 관습, 기술 등을 총칭하여 개념화할 수 있다. 이러한 문화는 여러 가지 방식으로 해당 문화권에 속한 인간의 태도와 행동에 영향을 미치게 된다.

한편 문화는 한 사회의 조직 운영 과정에도 영향을 준다. 어떤 조직에 내재된 특수한 문화적 성격의 특성들을 가리켜 조직문화라고 한다. '조직문화'란 거시적인 사회 전체의 문화 개념을 미시적인 인간의 생활영역이라 할 수 있는 조직 수준에서 적용한 개념으로 한 조직의 구성원들이 공유하는 가치관, 관습, 신념, 이념 등을 총칭한다고 볼 수 있다. 조직 운영 과정에서 조직 구성원이 함께 궁극적으로 추구하는 가치와 규범은 조직문화에 의해 구체화되기도 한다.

조직문화는 영구적으로 고정되는 것이 아니라 환경적 요인이나 상황에 따라서 변화할 수 있다. 하지만 그 변화의 정도에는 차이가 있을 수 있다. 어떤 조직은 빠르게 조직문화를 변화시키는 반면, 어떤 조직은 조직문화가 쉽게 달라지지 않는 경우도 있다. 이 조직문화의 변화 가능성에 대해서는 다음과 같은 두 가지 입장이 있다.

첫째, 조직문화가 변화할 수 있다는 입장이다. 이 관점은 조직의 리더가 지닌 리더십 스타일을 개선하고, 조직의 부적절한 통제시스템을 재설계할 수 있는 것과 마찬가지로 조직문화도 필요에 따라 변화가 가능하다고 보는 입장이다. 조직문화의 변화를 가져오는 상황적 요인들은 조직구조에서의 극적인 위기 발생, 리더의 교체, 조직 수명주기 단계에서의 전환기 등으로 정리될 수 있다. 일반적으로 조직 자체의 연령이 낮을수록, 조직의 규모가 작을수록, 현재의 조직문화에 대한 합의도가 낮을수록 조직문화의 변화가 쉽게 진행될 수 있다.

둘째, 조직문화의 변화는 사실상 불가능하다는 입장이다. 이 관점은 조직의 리더가 노력해서 일정 부분 조직의 운영형태가 다소 변화할 수는 있겠지만, 실제로는 조직문화의 변화를 거의 기대할 수 없다는 관점이다. 왜냐하면 기존의 조직구성원들은 자신이 속한 조직 내 문화에 대한 몰입 정도가 커서 일반적으로 조직의 변화에 저항하기 마련이기 때문이다.

결국 조직문화의 유지, 변화 과정을 이끄는 중요한 역할을 하는 것은 리더의 적절한 리더십이라 할 수 있다. 조직 운영 과정에서 일정한 성과를 얻기 위해 조직문화를 유지, 변화시키고자 리더는 조직구성원들을 설득하거나 통제하려는 노력을 항상 하게 된다. 조직의 과업 성과를 높이는데 기여하는 조직문화의 기능을 바라보는 관점은 크게 세 가지로 나눌 수 있다.

첫째, 견고성 관점(strength perspective)이다. 이 관점은 강력하고 견고한 조직문화가 조직구성원들을 조직 목표에 일치시키고, 동기부여를 강화하며, 조직의 성과 개선에 필요한 조직구조 설계를 촉진하고 통제 기능을 수행하게 된다는 입장이다.

둘째, 적합성 관점(fit perspective)이다. 이 관점에서는 조직문화가 조직이 처한 상황에 적합해야 한다는 가정을 하고 있다. 단일상태의 바람직한 조직문화는 존재하지 않으며, 조직문화는 조직의 상황에 부합될 때만 조직의 성과 증진에 기여할 수 있다는 입장이다.

셋째, 적응성 관점(adaptive perspective)이다. 이 관점은 바람직한 조직문화는 조직구성원으로 하여금 환경변화를 예측하도록 유도하고, 그들이 그 변화에 적응할 수 있도록 만든다는 입장이다.

조직의 리더는 리더십을 발휘할 때, 앞서 살펴본 조직문화의 기능적 유형 중 어떤 관점에서 접근할지에 대해 심도 있게 고민할 수 있어야 한다. 이 성찰 과정은 리더 혼자만의 생각이 아니라 자신을 따르는 조직 내 구성원들의 꾸준한 피드백을 통해 조직의 변화가 진행되어야 한다는 사실에서 비롯된다. 조직문화의 기능적 유형이 어떻게 형성되는지에 따라서 조직의 지속가능한 발전 여부가 결정되기 때문에 리더는 자신의 리더십 실행 과정 이전에 조직과 환경 간 상호작용 상황을 꾸준하게 관찰할 수 있어야 한다.

2. 리더십 형성의 원천이 되는 조직문화

조직문화는 조직구성원에게 조직의 일체감을 느끼게 해주고 그들로 하여금 조직 내 특정한 가치나 과업 이행 과정에 몰입하게 만든다. 조직문화는 조직 내 구성원들을 통합시키며, 조직이 외부 환경에 적응할 수 있도록 이념적 배경을 제시하기도 한다. 즉 한 조직의 리더는 자신의 리더십 형성의 원천을 조직문화의 실제적 기능으로부터 제공받는다고 볼 수 있다. 이를 구체적으로 살펴보면 다음과 같다.

첫째, 조직문화는 조직구성원들의 내부 통합을 가능하게 한다. 조직문화는 조직구성원들이 집단적 일체감을 갖도록 도와주며, 어떻게 효과적으로 업무를 수행해야 할 것인지를 알려준다. 조직문화는 일상적인 조직생활에 영향을 미치며, 조직구성원으로 하여금 조직에서 어떻게 의사소통하는지, 어떤 행위가 수용 가능한지 또는 불가능한지, 권력과 권한 · 권위가 어떻게 할당되는지를 미리 생각하게 만든다.

둘째, 조직문화는 사람들이 속한 조직이 외부 환경에 적응하도록 만들어 준다. 리더는 조직문화를 통해 조직이 어떻게 목적을 충족시키고 외부인들을 다룰지를 결정하게 된다. 조직문화는 조직이 다양한 조직 환경에서 성공하기 위해 필요한 가치와 가정들을 포함할 수 있어야 한다. 만약 경쟁적인 조직 외부 환경이 형성된다면, 조직문화는 조직구성원들을 더 단결시킬 수 있는 방향으로 나아가야 한다. 공동체로서의 조직이 외부 환경과의 치열한 경쟁을 통해 생존할 수 있는 사상적 근간을 마련해 주어야 하는 것이다. 그리고 그 조직에서 리더는 리더십을 통해 다른 조직구성원들이 그러한 이념적 사고를 할 수 있도록 독려하는 능력을 갖추어야 한다.

이처럼 리더는 내부 통합을 실현해야 할 뿐만 아니라 조직이 외부 환경의 욕구에도 적응할 수 있는 견고하면서도 건전한 조직문화를 창조하기 위해 다양한 지식을 학습하고 이를 조직에 적용할 수 있어야 한다. 리더십 형성의 원천이 되는 이 같은 조직문화는 다음과 같은 형태를 통해 조직구성원에게 내재화된다.

첫째, 의식의 형태이다. 조직문화는 조직구성원의 의식에 침투할 경우, 그들에게 특별한 가치를 강화하게 된다. 또한 조직의 결속을 이끌어내고, 중요한 과업 달성을 위한 계획된 행동을 자연스럽게 유발하게 된다. 리더는 조직이 가치 있다고 믿는 것과 관련된 극적인 사례들을 조직구성원들에게 적절하게 제공함으로써 의식적 측면에서 조직문화가 조직구성원에게 체화될 수 있도록 노력하게 된다.

둘째, 설화(story)의 형태로 조직문화가 창출된다. 설화는 자주 되풀이되고 조직구성원 사이에 공유되고 있는 진실한 사건에 기초한 이야기를 의미한다. 조직에서 나타나는 설화는 조직의 주요한 가치를 새로 유입된 구성원들에게 알려 주기 위한 목적으로 구성되는 경우가 많다. 리더는 이 설화를 통해 조직문화의 가치를 인위적으로 생성하기도 하고, 다른 조직 내 구성원들과의 심리적 유대를 강화하기도 한다. 이러한 역할을 하는 설화는 리더의 리더십 발현의 기초로 작용하게 된다.

셋째, 상징의 형태이다. 조직문화의 가치를 전달하는 중요한 수단인 상징은 조직구성원들이 함께 공유하는 의미체계라 할 수 있다. 이 의미체계는 사물, 행동, 사건의 형태로 적층되는데, 때로는 물리적 인공물(artifacts) 형태로 조직 내 구성원들에게 영향을 주기도 한다. 리더는 리더십을 실현하는 과정에서 자신을 따르는 구성원들이 이러한 다양한 상징의 가치를 충분히 인식할 수 있도록 교육해야 한다.

넷째, 문자나 언어 형태로 이루어진 공식화된 문건 등에 의해 조직문화가 공식화되기도 한다. 조직문화의 이러한 외현적 표현물에 의해 조직구성원으로서의 사명감이나 과업 수행의 가치가 더욱 강화되는 계기가 마련된다. 조직구성원은 리더의 리더십이 발휘되는 수단 중 하나인 문자, 언어로 이루어진 메시지를 통해 더욱 적극적인 과업 참여 의지를 다지기도 한다.

다섯째, 조직문화는 조직 내 교육에 의한 사회화 과정을 통해 창출된다. 조직구성원으로 새롭게 유입된 사람과 그동안 지속적으로 조직 내에서 활동한 사람 모두는 그동안 공동체 내에서 유지되어 왔거나 변화하고 있는 조직의 가치를 꾸준하게 학습해야만 조직구성원으로서의 정체성을 확보할 수 있다. 당연히 리더는 체계적인 조직문화 교육을 위한 다양한 사회화 기제들을 개발하고 그 내용을 전달하기 위해 노력하게 된다.

여섯째, 조직 내 사소한 일상적 행동들이 모여서 조직문화가 형성되기도 한다. 조직 내 구성원들의 일상적 행동은 오랜 기간 이루어진 조직구성원 간 집단적 합의를 통해 표현된다고 할 수 있다. 따라서 리더는 이 행동을 토대로 조직 운영의 기본적 가치를 모색하고, 조직구성원들이 최대한 저항 없이 해당 가치를 전달받을 수 있는 방법을 고민하게 된다. 이것이 곧 리더십 실현 과정이라 할 수 있다.

이상 살펴본 바와 같이 리더십 형성의 원천이 되는 조직문화의 실제적 기능들은 결국 조직이 환경에 적응하고, 내부 통합을 통해 조직의 생존이 지속적으로 유지될 수 있도록 도움을 주게 된다. 리더는 조직의 내·외적 변화에 적응하기 위해 항상 새로운 이념과 가치를 관찰하고, 이를 조직 내에 수렴할지 배척할지를 결정해야 한다. 결국 리더십 실현 과정은 다양한 조직문화와 상호작용하게 됨을 의미한다.

3. 리더십 연구를 위한 조직문화의 가치

상술한 바와 같이 리더십 연구를 위해 여러 분야에서 조직문화에 대한 연구가 진행되어 왔다. 특히 조직의 생존을 위해 조직문화의 가치 실현이 중요하다는 것은 이제 일반적인 상식이 되었다. 리더는 바람직한 조직문화 조성을 위해 외부 환경과 조직이 나아가야 할 비전에 대해 고민하게 된다.

조직문화는 리더가 조직을 효과적으로 운영하기 위해 고려해야 하는 문화적 특성들을 포함한다. 특히 지금처럼 급변하는 환경 속에서 생활하게 될 조직구성원들은 지위 유지 및 역할 수행 과정에서 항상 심리적 불안감을 느끼면서 생활하기 마련이다. 따라서 리더는 조직문화의 다양한 특성들을 판단하고, 이를 통해 조직이 외부 환경변화에 적응할 수 있는 효과성 가치를 조직 내로 적극적으로 유입시킬 수 있어야 한다.

이 같은 조직문화의 효과성에 기반을 둔 문화적 가치는 [그림 7-1]과 같이 분류할 수 있다. 이 구분은 크게 두 가지 차원에서 이루어진다. 먼저 외부 환경이 유연성과 안정성 중 어떤 것을 요구하는지에 따른 구분과 함께 조직이 적응하기 위한 전략적 범위가 외부에 있는지, 내부에 있는지에 따라 문화적 가치가 구분될 수 있다. 이 각각의 문화적 가치에 입각하여 조직문화는 적응문화, 족벌문화, 관료제문화, 성취문화로 개념화하여 나눌 수 있다.

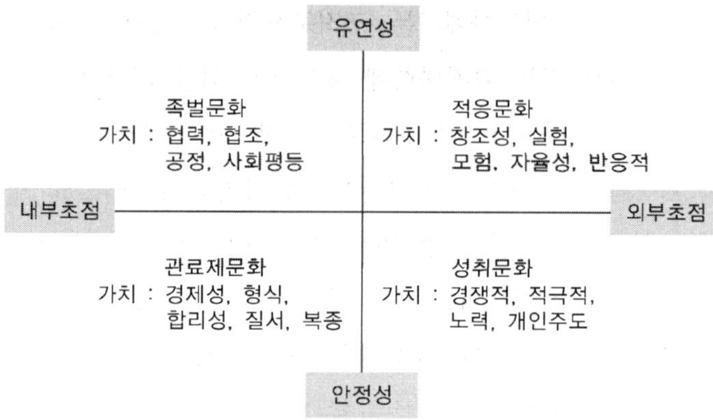

[그림 7-1] 조직문화의 효과성에 기반을 둔 문화적 가치 구분

자료 : 정우일 외(2017), Denison & Mishra(1995), Hooijberg & Petrock(1993), McDonald & Gandz(1992).

첫째, 적응문화는 리더가 변화하는 환경 행태에 적절하게 반응하기 위해 조직의 능력을 전략적으로 지원하는 것을 특징으로 한다. 조직구성원은 어떤 선택 상황을 맞이하여 리더로부터 무엇인가를 의사결정할 수 있는 권한과 자율성을 부여받게 되며, 새로운 욕구를 충족하기 위해 자유롭게 행동한다. 그리고 조직에서는 조직구성원의 이 창조적인 반응을 높게 평가하게 되며, 위험 극복을 위해 실험, 모험 등을 적절하게 시도하는 것을 조직의 바람직한 가치로 인정하고 격려해준다. 따라서 리더십 역시 되도록 조직 내 부하들이 외부 환경 변화에 유연하게 대처할 수 있는 자율성을 부여해주는 방향으로 나아가게 된다.

둘째, 족벌문화에서는 조직구성원이 활동하는 조직 내부에서 외부 환경변화에 대응하기 위한 대책이 중점적으로 나타난다. 이 조직문화는 과업을 수행하는 조직구성원의 욕구를 충족하는데 그 가치를 둔다. 그리고 가족적인 분위기를 형성하고 있기 때문에 조직의 리더는 조직구성원들의 협력을 유도하고, 그들을 배려하며 지위 간 차이를 과도하게 인식하지 않으려고 노력한다. 리더는 공정성의 가치를 고수하여 가능한 많은 조직구성원들의 동의를 통해 의사결정을 하려고 노력한다.

셋째, 관료제문화는 조직을 둘러싸고 있는 안정적인 환경과 내부에 관심을 집중한다. 이 조직문화는 합리적이며 정해진 형식에 따라 과업 수행을 질서 있게 이끌어가는 것을 선호한다. 조직을 유지하는 기존의 질서를 따르고 능률적으로 일하기 위한 경제성, 합리성, 통합, 직위에 따른 명령과 복종의 가치를 선호하게 된다.

넷째, 성취문화는 조직의 명확한 비전에 의해 조직에 자리 잡게 된다. 리더는 조직구성원의 적극적인 노력을 선호하고, 경쟁적 환경을 조성하여 목적 달성을 위해 개인이 주도하는 노력을 중요하게 여긴다. 조직은 외부 조직 등이 포함된 환경과의 경쟁에서 조직구성원 개인의 노력을 통해 성과를 달성하는 것을 중요한 가치로 삼는다.

이상 살펴본 바와 같이 조직문화의 효과성은 다양한 가치를 담아서 여러 가지 형태로 조직에서 나타나고 있다. 결국 조직문화와 상호작용하는 리더십을 통해 조직구성원은 자신이 조직에서 존재하는 이유를 파악하게 되고, 소속감과 정체성을 갖게 된다. 따라서 조직의 리더는 자신을 따르는 구성원들이 조직문화에 내재한 규범, 가치를 공유할 수 있도록 교육하여 공동체성과 일체감을 느끼게 해야 한다. 왜냐하면 이 과정을 거치면서 자연스럽게 조직의 공통된 목표 달성을 용이하게 할 수 있기 때문이다. 리더십의 효과성 여부는 바로 조직 내에서 오랜 기간 존재하고 있는 생활양식의 체계적인 공유 과정의 실현 여부에 따라서 결정된다.

더불어 조직문화를 활용한 리더십은 조직구성원에게 집합적 몰입을 가져다줄 수 있게 한다. 앞서 언급한 다양한 형태의 공유된 문화로부터 비롯된 공통된 목표는 해당 문화를 수용하는 사람들의 몰입을 가져올 수 있으며, 이 심리적 변화는 조직구성원들의 협조와 통합의 정도를 강화하여 조직체계의 안정성을 높여주게 된다.

무엇보다는 조직의 리더는 자신을 따르는 조직구성원들이 환경적 변화에 개인적으로 어떤 의미를 부여하는지를 파악하여 적절한 규범과 가치를 내면화할 수 있는 기회를 마련해 주어야 한다. 리더십의 근간이 되는 조직문화의 관찰 과정에서 발견되는 상황해석 능력은 리더의 꾸준한 연구와 노력에 의해 함양될 수 있다. 조직문화와 리더십 간 상호작용은 상황에 따라 달라질 수 있음을 알고, 리더는 항상 조직구성원의 내부적 의견에 의한 피드백 과정을 소홀히 해서는 안 될 것이다. 요컨대 조직문화는 조직 내 리더와 그를 따르는 구성원 간 쌍방향적 의사소통의 결과로 구조화된 유·무형의 사회적 실체라 할 수 있는 것이다.

8장

리더십과 정치

리더십과 상호작용

8 리더십과 정치

○○●○○

1. 리더십과 타인에 대한 영향력의 기제

1) 리더십과 권력

기본적으로 리더십은 권력을 비롯한 여러 가지 영향력을 조직구성원에게 행사하는 과정으로 이해될 수 있으나, 정작 리더를 따르는 조직 내 구성원들이 본인에게 영향을 주는 리더십의 내용을 변화시키기도 한다는 점을 잊어서는 안 된다. 이 같은 현상은 특히 한 사회의 조직 내에서 이루어지는 다양한 형태의 정치적 행위 속에서 많이 나타난다. 리더가 얻게 되는 권력이나 권한·권위는 결국 조직 내 구성원들이 리더에게 위임한 것이며, 따라서 리더는 그들의 욕구를 잘 반영할 수 있는 적절한 의사결정을 해야 한다. 또한 조직을 둘러싼 다양한 환경과 상황 속에서는 리더십의 환경이 바뀔 수도 있기 때문에 리더십의 본질에 대한 리더의 지속적인 성찰이 요구된다.

한편 정치적 환경에서 리더십이 추구하는 기본적 가치에는 리더가 자신을 따르는 조직구성원들에게 다양한 영향력을 행사하기 위한 활동 중에도 조직이 추구하는 공공의 목표를 달성해야 한다는 인식이 포함되어 있다. 그리고 리더의 권력, 권한 · 권위 등에 근거한 영향력과 리더십에 대한 조직구성원들의 지지는 밀접한 상호작용을 하게 된다.

정치적 행위의 중요한 구성요소인 권력(power)은 한 개인 또는 집단이 다른 개인 또는 집단을 움직이게 할 수 있는 능력을 말한다. 앞서 언급한 바와 같이 권력이란 사회적 관계 속에서 상대방의 의지에 관계없이 자신의 의지와 뜻을 상대방에게 관철시킬 수 있는 잠재적 · 실재적인 강제적 힘을 의미한다. 조직 내 의사결정 과정에서 리더의 정치적 행위는 결국 상대방의 의도에 반하여 그들의 행동을 권력 행사자의 의도대로 바뀌게 할 수 있는 능력을 구체화하면서 진행된다. 이 같은 정치적 행위로서의 권력은 주로 조직 내 리더의 부하에 대한 하향적 영향력을 강조하게 된다. 그리고 이 정치적 행위는 조직구성원 간 혹은 조직의 하위부문 간 의사소통 과정에서 중요한 고려사항이 될 수 있다.

이처럼 정치적 행위로서의 리더십을 구성하는 권력에 관한 연구는 꾸준히 진행되었다. 일찍이 프렌치(J. R. P. French)와 레이븐(B. H. Raven)은 리더십의 원천인 권력의 유형을 보상적 권력(reward power), 강제적 권력(coercive power), 합법적 권력(legitimate power), 전문성 권력(expert power), 준거적 권력(referent power)의 다섯 가지로 분류하였다.

(1) 보상적 권력

첫째, 보상적 권력은 조직의 리더가 조직구성원이 원하는 보상을 제공할 수 있는 결정권을 갖고 있는 경우에 한하여 발휘되는 권력이다. 즉 리더가 조직구성원에게 그들이 원하는 경제적 · 정신적 보상을 해줄 수 있는 자원과 능력을 갖고 있을 때 이 권력이 발생하는 것이다.

보상적 권력을 사용하는 가장 보편적인 방법은 조직구성원에게 상황적 보상(contingent reward)을 제공하여 그들이 조직의 목표를 달성하기 위한 행동을 할 수 있도록 유도하는 것이다. 조직에서 리더가 권력을 갖는 이유는 호의적인 인사고과, 인정, 급여인상, 승진, 업무할당 및 책임부여, 격려 등 많은 잠재적 보상능력을 갖고 있기 때문이다. 상황적 보상은 조직구성원의 과업이행의 강력한 동기부여 수단으로 작용한다. 리더가 주로 임금인상, 승진 및 진급, 상여금 등을 조직구성원에게 제공함으로써 그들이 얻고 싶어 하는 것을 구체적으로 보상하는 행위를 하는 것이다. 하지만 조직 내 구성원들이 보상의 대가로 수행하게 되는 과도한 업무에 대해 부담을 느끼거나, 주요 업무의 책임이 자신에게 할당되는 것에 대해 불만을 가진다면 리더의 리더십은 적절한 보상적 권력을 행사했다고 보기 어렵다.

(2) 강제적 권력

둘째, 강제적 권력은 리더가 조직구성원에 대해 처벌, 좌천, 감봉 등의 벌칙이나 부정적인 보상을 적용할 수 있는 결정권을 부여받았을 때 발휘되는 권력이다. 이 권력은 보상적 권력과는 반대로 부정적인 보상을 피하려는 사람들에게 행사하는 권력을 말한다. 일반적으로 부정적인 보상을 회피하려는 조직구성원의 심리를 이용하여 리더는 자신의 부하에게 강제적 권력으로 위협을 가함으로써 추종하도록 만들게 되는 것이다. 하지만 이러한 리더십의 발휘 과정도 경우에 따라서 무용(無用)할 수도 있는데, 그 이유는 벌칙이나 부정적인 보상에 크게 관심이 없는 조직구성원에게는 비효과적인 권력이 될 수 있기 때문이다.

과거에는 강제적 권력이 조직 내에서 리더에 의해 흔히 쓰이는 권력 유형이었기 때문에 남용되는 경우도 많았다. 하지만 점차 조직구성원의 감정적 분노를 유발하는 경우도 많이 생겼으며, 너무 자주 리더십에 적용할 경우, 리더가 갖추어야 할 준거적 권력이 손상될 수도 있기 때문에 점차 조직 내에서 조심스럽게 활용되고 있다. 다만 조직에 극히 해(害)가 되는 행동을 억제할 필요가 있는 경우에 한하여 제한적으로 리더십에 적용하기도 한다. 강제적 권력을 효과적으로 발휘할 수 있는 가장 좋은 방법은 기준에 어긋나지 않고 모순 없이 공평하게 행사하고, 또한 절대적으로 필요한 경우에 한하여 사용하는 것이다.

(3) 합법적 권력

셋째, 합법적 권력은 리더와 조직구성원 간 약속에 따라 리더가 특정 범위의 권력을 부여받았을 때 발휘되는 권력이다. 이 권력은 리더가 권력 행사에 대한 정당한 제도적 권리를 가지고 있음을 전제한다. 즉 합법적 권력은 일반적으로 조직 내 권한·권위에 기초한 권력으로, 리더의 지위상 조직구성원들이 복종할 의무가 생기는 권력이다.

대부분의 조직에서 리더에게는 조직구성원의 업무를 지휘하고 명령할 수 있는 결정권이 주어진다. 기업, 군대 등에서 주어지는 지위 권한이 대표적인 합법적 권력이다. 조직의 리더가 합법적 권력으로 리더십을 발휘할 때에는 제도, 규정 등이 권력도구로서 활용되기도 한다. 합법적 권력은 조직에서 리더로 선출되든가 또는 합법적으로 조직 내 높은 직위에 임명됨으로써 발생한다. 합법적 권력은 단독으로 실현되기보다는 앞서 설명한 보상적 권력이나 강제적 권력이 동반된 상태에서 행사되는 경우가 많다.

(4) 전문성 권력

넷째, 전문성 권력은 특정 영역에 대한 개인의 전문적인 지식이나 기술, 능력이 다른 사람에 비해 월등하거나, 조직구성원들이 월등하다고 지각할 때 발휘되는 권력이다. 이 권력은 전문적 지식, 기술, 독점적 정보를 기반으로 하고 있다. 특수한 분야에 있어서 탁월한 능력이나 정보를 가지고 있는 리더는 쉽게 전문성 권력을 갖게 된다.

하지만 전문성 권력은 조직계층 상하에 관계없이 발생할 수 있다는 점에서 권력의 다른 원천들과는 차이가 있다. 이 권력 유형은 특정 분야에 정통한 조직 내 하위직급 구성원들이 리더에게 더 많은 영향력을 미칠 수도 있는 권력 범주이기도 한 것이다. 따라서 리더는 조직 내 과업에 대한 전문성을 잃지 않기 위해서 지속적으로 관련 지식과 기술을 학습하고 연구해야 한다.

(5) 준거적 권력

다섯째, 준거적 권력은 존경심, 호감, 카리스마적 기질 등 리더의 개인적 특성에 기반하여 조직구성원이 리더의 행위를 존경하거나 동일시되고자 노력할 때 발휘되는 권력이다. 리더가 자신의 평소 언행에 대해 많이 고민하면서 신중하게 행동해야 하는 이유는 일상 속 상호작용이 모여 준거적 권력으로써 조직구성원에게 영향을 미치기 때문이다.

준거적 권력은 조직구성원이 자신이 속한 조직 내 리더와 동일시되고자 할 때 그 근거를 리더 개인이 지닌 매력으로 인식하면서 나타나는 권력이다. 사람들 대부분은 자신보다 뛰어나다고 인식하는 사람을 닮고자 하는 경향이 있는데, 이때 준거적 권력이 발생하는 것이다. 대체로 리더가 조직구성원에게 우호적, 매력적이고, 호감이 가며 신뢰할 수 있는 사람으로 인식되는 경우 준거적 권력의 효과가 커진다. 조직 내에서 준거적 권력을 갖고 있는 리더는 다른 구성원들로부터 절대적인 존경을 받게 된다. 따라서 준거적 권력을 효과적으로 사용하기 위해서는 리더는 자신을 따르는 부하들의 욕구와 감정에 관심을 보이고, 그들에게 신뢰와 존경을 표하며, 모두를 공정하게 대우해 주어야 한다.

한편 이미 5장에서 살펴본 바와 같이 유클(G. Yukl)은 권력의 원천, 정치적 행위와 관련하여 권력을 지위권력(position power)과 개인 권력(personal power)으로 구분하여 연구했다.

앞서 언급한 바와 같이 지위 권력은 공식적 조직시스템 내에서 한 개인의 직책이나 직위에 근거하여 공식적 권한에 의해 부여되는 권력이다. 일반적으로 조직 대부분은 지위 권력에 대한 공식적인 규정을 가지고 있으며, 여기에는 자원의 사용, 조직구성원에 대한 처벌, 정보 통제권 등이 포함된다. 지위 권력에 해당하는 권력 유형으로는 앞서 언급한 권력 범주 중 보상적 권력, 강제적 권력, 합법적 권력 등이 있다.

또한 개인 권력은 조직 내 지위보다는 개인적 매력, 카리스마 등을 기반으로 하며, 조직구성원이 한 개인의 특성에 호감을 갖고 매력을 느끼는 경우 발휘되는 권력이다. 개인 권력은 특정인의 능력에 따른 권력이기 때문에 조직구성원에게 미치는 영향에 있어서는 지위 권력 이상의 효과성이 있다. 주로 전문성 권력, 준거적 권력이 개인 권력에 해당한다고 볼 수 있다.

결국 조직 내 리더의 리더십 발휘를 정치적 행위라 보았을 때, 리더가 권력을 어떻게 확보하고 행하는지에 따라서 조직 운영의 효율성이 결정된다. 즉 권력은 리더십을 평가하는데 있어서 중요한 변수라 할 수 있다. 정치의 기본적 속성이 권력 획득이기 때문에 조직 내 리더와 그를 따르는 구성원 간 상호작용 속에서 이루어지는 정치적 행위의 본질을 양쪽 모두의 입장에서 이해해야만 리더십이라는 정치적 행위가 효과적으로 구현될 수 있다.

2) 리더십에서의 권한 · 권위와 영향력

한편 조직 내 정치적 행위에서 비롯되는 리더십의 적용 과정에서는 권한 · 권위(authority)가 중요한 수단이 된다. 권한 · 권위란 한 개인이 조직 내에서 차지하고 있는 지위에 의해 갖게 되는 공식적인 힘을 의미한다. 일반적으로 합법적 권력을 가리켜 권한 · 권위가 확보되었다고도 한다. 특히 리더와 조직구성원 간 의사소통 과정에서는 이 권한 · 권위의 유형에 따라 적절한 리더십의 활용 여부가 결정되기도 한다. 권한 · 권위를 행사한다는 것은 어떤 사회나 조직이 만든 규정이나 법에 따라 타인의 행동을 통제하거나 허용하는 것을 뜻한다. 권한 · 권위의 행사자는 상대방에게 납득할 수 있는 의사전달을 함으로써 심리적 동의를 얻을 수 있어야 한다.

권한 · 권위는 권력의 속성인 강제성이 조직구성원에게 덜 적용되는 한편, 자발성 가치가 추가적으로 부각된다. 일찍이 베버(M. Weber)는 바로 이 권위를 전통적 권위, 합법적 권위, 카리스마적 권위로 구분하여 설명하기도 했다. 이 세 가지 범주는 리더십 연구에서 리더가 갖추어야 할 덕목으로도 꾸준하게 고찰되고 있다.

첫째, 전통적 권위는 사회구성원들이 과거의 전통이나 관행을 인정하고 이를 따르고자 노력할 때 발휘되는 권한을 의미한다. 역사적 사실에 기반을 둔 조직의 질서에 의해 부여되는 권한 등이 대표적이다.

둘째, 합법적 권위는 조직 운영에 있어 가장 기본적인 권한으로 조직 내에서 설정된 규정이나 규범, 지시 등이 사회구성원들로부터 합법적이라고 인정받을 때 발휘되는 권한이다. 공식적 규범 또는 법률 등에 의해 부여되는 권한 등이 대표적이다.

셋째, 카리스마적 권위는 리더가 특출한 능력을 가졌다고 믿고, 그에게 복종하고자 하는 집단, 조직구성원의 신념과 태도를 기반으로 한다. 이 권위는 공식적으로 부여받은 권력이 아니기 때문에 리더가 조직구성원으로부터 인정받기 위해서는 뛰어난 성과를 창출하는 능력을 갖추고 있음을 입증할 수 있어야 한다. 리더는 비범한 성과를 창출하거나 사건을 만들어 자신의 카리스마를 부각시키려고 하며, 본인보다 약한 카리스마를 가진 리더를 계층적으로 본인 아래의 지위에 둠으로써 자신의 이미지를 제고하기도 한다. 카리스마적 리더의 영향력이 긍정적인 경우 공동체는 발전하지만, 점차 일상속에서 그 영향력이 만성화될 경우, 조직이 관료화되는 경향을 보일 수도 있음을 경계해야 한다.

지금까지 살펴본 권력과 권한·권위는 결국 조직 내 구성원들에게 광범위하게 영향력(influence)을 미치는 정치적 행위 관련 변수라 할 수 있다. 여기서 말하는 영향력이란 한 사람이 다른 사람으로 하여금 어떤 행위를 하도록 하는 것 또는 그 효과를 가져오게 하는 행위를 뜻한다. 구체적으로 말하면 한 개인 또는 집단이 다른 개인 또는 집단의 태도, 가치관, 지각, 행위 등에 변화를 가져오도록 움직이게 할 수 있는 힘을 의미한다. 앞서 고찰한 권력과 권한 · 권위는 이 영향력 개념 속에 포함된다고 볼 수 있다. 영향력 행사의 잠재력을 지닌 정치적 행위의 원형이 권력에 의한 리더십 발휘이며, 그 영향력을 행사할 수 있는 조건과 권리를 자발적으로 얻게 되는 것이 권한 · 권위를 기초로 하는 정치리더십의 구현 과정이라 할 수 있다.

2. 리더를 따르는 조직구성원의 정치권력에 대한 반응

리더를 따르는 조직구성원들은 조직 내 정치권력의 행사 과정에서 다양한 반응을 보이게 된다. 이 반응을 연구하는 것이 중요한 이유는 반응 유형에 따라 리더의 리더십 발휘의 효과성을 판단할 수 있기 때문이다. 또한 궁극적으로 정치권력에 대한 조직구성원의 반응을 고찰하는 것은 리더와 그를 따르는 구성원 간 상호작용의 감정적 상태를 진단할 수 있는 중요한 사회심리학적 연구 영역이기도 하다. 리더를 따르는 조직구성원의 정치권력에 대한 반응은 크게 복종(compliance), 동일화(identification), 내면화(internalization), 분열화(alienation)로 범주화할 수 있다.

1) 복종

복종은 리더의 보상이나 처벌에 대해 조직구성원이 보이는 전형적인 반응이다. 조직구성원은 자신에게 주어질 수 있는 보상을 확대하려고 하는 동시에 처벌은 최소화하고자 한다. 예를 들어 주어진 과업을 마무리하도록 지시받은 조직 내 구성원들은 이를 거부할 경우, 반드시 뒤따르게 될 처벌이 두려워 리더의 지시에 복종하게 된다.

2) 동일화

동일화는 조직구성원이 리더의 언행을 인식하고 그를 존경하게 되면서 리더의 요구에 따르게 되는 경우를 말한다. 이 경우 조직의 하위직급에 있는 구성원들은 리더의 요구를 충실하게 수행함으로써 리더와의 상호관계를 더 친밀하게 발전시키고자 노력하게 된다.

3) 내면화

내면화는 리더의 요구와 조직구성원의 가치 간 일치성을 바탕으로 이루어진다. 이 내면화를 가능하게 하는 근간은 도덕성에 기인하는 경우가 많다. 예를 들어 조직 내 급한 과업을 수행하는 과정에서 리더의 요구에 조직구성원은 도덕적 내면화를 거쳐 리더의 명령을 자발적으로 따르게 되는 경우가 자주 있다. 이 내면화 반응은 조직구성원으로서 자신의 조직 과업에 대한 가치와 일치하는 리더 명령을 마땅히 이행하고 싶어 하는 심리에서 발현된다고 볼 수 있다.

4) 분열화

분열화는 리더의 권력 사용 시 권력 행사의 불충분한 정당성 확보로 인해 조직구성원과의 상호작용에 불화가 생기게 되는 경우이다. 리더는 정치권력 행사 과정에서 조직구성원의 불만사항을 충분히 반응했는지의 여부를 신중하게 고려하여 그들의 연합적 행동에 주의를 기울여야 한다. 특히 리더가 강제적 권력을 사용하고자 하는 경우, 조직구성원들이 명령체계에 반하는 별도의 집단을 구축하는지에 대한 관찰이 요구된다. 결국 올바르지 못한 정치권력 행사는 조직 내 구성원 전체의 관계를 분열시키고, 과업 수행 역시 실패하도록 만든다.

3. 정치리더십의 개념과 종류

1) 정치리더십의 개념과 특성

일찍이 에딩거(L. J. Edinger)는 정치리더십에 대해서 한 집단의 권위를 바람직하게 배분되는 방향으로 이끌어 갈 능력이 있는 역할자의 지위에서 비롯되는 행위로 보았다. 또한 페이지(G. D. Paige)는 정치리더십에 대해 정치적 권력을 가진 사람과 그 경쟁자들의 행위이며, 이 양자는 항상 상호작용 관계에 있다고 논의했다. 가드너(J. W. Gardner)는 정치리더십과 관련하여 정치적 권위를 갖고 있거나 특정 지위에 있는 자와 그들의 경쟁자들이 사회의 다른 구성원들과 상호작용함에 있어서 리더로서 취하는 행위라고 말했다.

정치리더십에서 리더는 자신이 동원할 수 있는 여러 가지 인적, 물적 자원이 무엇인지를 고민해야 하며, 때로는 자신의 리더십 실현 과정을 정당화시켜 주는 가치관을 확보하는 것도 중요하다. 왜냐하면 해당 가치관이 다른 조직구성원들로 하여금 리더의 정치리더십을 수용하게 하는 근간으로 작용할 수 있기 때문이다.

조직 내 정치리더십 실현 과정에는 권력과 관련한 구체적 실천 행동이 포함되어 있으며, 리더와 조직구성원 간 유무형의 상호작용이 꾸준하게 나타나게 된다. 정치리더십은 리더가 조직 내 한 개인의 리더십 능력과 집단의 효율성 간 관계에 대해 어느 정도까지 강제성을 부여할 것인지, 그리고 이를 조직구성원이 어느 한계까지 수용할 것인지에 대한 사회심리적 인식 문제로 귀결된다.

이 정치리더십은 시간과 장소에 따라 그 성패 여부가 유동적으로 변화하기도 한다. 과거에는 실패한 정치

리더십으로 판단되었을지라도 시간이 경과하고 환경이 바뀌면서 성공한 리더십으로 각광받기도 한다. 그리고 지금 당장은 성공한 리더십이라도 조금만 시간이 지나고 나면 실패한 리더십으로 평가받게 되는 과정이 조직 내에서는 반복해서 진행되고 있다.

여러 리더십 중에서 정치리더십은 리더십이 행해지는 대상과 범위가 광범위하고, 권력을 비롯하여 리더가 동원하는 리더십 자원 역시 다양하다. 정치리더십은 리더십 자원 획득 과정에서의 승패 여부에 따라 올바른 리더십이었는지가 판단되는 특성을 보인다. 즉 정치리더십에서는 중간 정도의 평가를 받는 리더십이 존재하기 어렵다. 이 같은 경쟁적 성격을 지닌 정치리더십은 그 성공 여부에 따라 조직의 효율성과 창조성이 결정된다. 그리고 정치리더십 실천 과정에서는 철학적, 도덕적 가치가 중요한 자원으로 활용되기도 한다.

한편 정치리더십은 일반적 리더십과 마찬가지로 리더, 리더를 따르는 조직구성원, 환경의 세 가지 상호작용 주체로 구성되어 있다. 정치리더십을 발휘하는 리더는 자신을 따르는 조직구성원에게 권력을 행사하고자 다양한 물질적, 인식적 도구를 찾으려는 노력을 하게 된다. 물론 권력뿐만 아니라 정치리더십을 정당화하는 권한·권위 역시 정치리더십을 이행하는 중요한 하위수단이라고도 할 수 있다. 이 같은 정치리더십은 일반적 리더십과 비교하여 유사점과 차이점이 함께 내포되어 있는데, 이를 정리하면 〈표 8-1〉과 같다.

〈표 8-1〉 정치리더십과 일반적 리더십의 비교

비교 기준	정치 리더십	일반적 리더십
리더십 자원	• 종합적이며, 주로 권력에 의존	• 종합적이며, 주로 권위에 의존
리더의 자질	• 선동력, 조직력, 판단력, 설득력	• 중재력, 협상력, 설득력
강제와 보상	• 강제와 보상의 적절한 사용	• 주로 보상을 사용
리더의 위상	• 리더 집단과 리더를 따르는 집단 간 뚜렷한 구별 • 조직구성원에 대한 리더의 권력 행사가 강하게 작용	• 리더 집단과 리더를 따르는 집단 간 구별은 있으나 과업 수행 과정 중 서로 자주 영향력을 주고받음

자료 : 김영화(2011).

2) 정치리더십의 종류

공적 정치활동뿐만 아니라 일상 활동 중 나타나게 되는 생활정치까지를 모두 아우르는 정치리더십은 인간이 속한 조직 내 환경에서 자주 목격되는 리더십 형태라 할 수 있다. 이 정치리더십의 종류와 관련하여 많은 연구가 진행되어 왔으나, 일반적으로 여러 연구에서 빠지지 않고 등장하는 유형으로 카리스마적 리더십(charismatic leadership), 혁명적 리더십(revolutionary leadership), 개혁적 리더십(reform leadership), 변혁적 리더십(transforming leadership), 거래적 리더십(transactional leadership), 행정 리더십(administrative leadership), 경영자적 리더십(entrepreneurial leadership) 등이 있다.

(1) 카리스마적 리더십

카리스마적 리더십은 한 개인이 보통 사람들과 구별되는 어떤 자질에 의해 형성되며, 초자연적이거나 초인간적인 예외적인 힘이나 능력을 리더가 부여받음으로서 나타나게 된다. 그리고 이 리더십은 조직이 위기 상황에 직면했을 때, 조직구성원에게 강력한 영향을 미치게 된다.

(2) 혁명적 리더십

혁명적 리더십은 조직구성원의 욕구와 필요를 자극해 정치적 행위를 통해 그들이 동원되도록 유도한다. 이 리더십은 조직 내 갈등이 일정 정도는 필요하다고 보며, 갈등 상황을 극복하기 위해 적대세력을 만들어 그와 반대되는 특정 가치를 내세우는 리더십이다.

(3) 개혁적 리더십

개혁적 리더십은 정치리더십 가운데서도 많은 기술적 능력을 요구하게 된다. 리더는 조직을 개혁하는 과정에서 여러 형태의 개혁적·비개혁적 목표를 지닌 조직구성원과 연합하여 이들 모두를 개혁 과정에 참여시키는 노력을 해야 한다. 따라서 이 개혁적 리더십이 발동하기 위해서는 윤리적 가치가 내재된 도덕적 리더십이 함께 적용되어야 한다. 왜냐하면 이 리더십에서는 조직의 특수한 목적을 달성하기 위해 부적절한 방법을 사용하는 것이 허용되지 않기 때문이다. 개혁적 리더는 주로 점진주의적인 변화를 추구하는 인물로서의 성격을 지니고 있다.

(4) 변혁적 리더십

변혁적 리더십은 기본적으로 갈등을 전제로 한다. 조직 내 변혁적 리더는 자신을 잠재적으로 따르는 조직구성원들의 현존하는 욕구를 파악하고 이와 관련한 갈등이 발생할 경우 갈등 해결을 위해 특정 가치를 점화시켜 조직 변화를 기획하게 된다. 리더는 그 변화를 주도적으로 이끌어가는 사람으로서의 정체성을 지닌다. 변혁적 리더십은 앞서 말한 개혁적 리더십을 포함하는 조금 더 넓은 범위의 리더십을 의미한다.

(5) 거래적 리더십

거래적 리더십은 리더와 조직 내 구성원 간 거래를 통해 그들의 공동의 목표를 달성하려는 리더십 행위를 의미한다. 거래적 리더십은 리더가 자신을 따르는 조직 구성원의 요구를 만족시켜줄 수 있는 어떤 정치적 교환물을 그들에게 제공함으로써 실현된다.

(6) 행정 리더십

정치적 리더들의 일차적인 목표와 기능은 조직 통치에 있으며, 이는 곧 정치적 안정과 사회구성원 모두의 안녕을 위한 통치, 경영, 관리 행위로 이어지게 된다. 이 과정에서 정치적 목적 달성과 조직 발전을 위한 리더십이 발동된다. 행정 리더십은 후술할 공적 성격을 지닌 경영자적 리더십의 한 범주라고도 할 수 있는데, 리더가 공적 조직을 관리함에 있어서 전문 지식과 조직 장악력을 통해 공공기관의 효율성을 높이는데 기여하는 리더십이다.

(7) 경영자적 리더십

경영자적 리더십은 리더가 현존하는 희소 공적 자원의 분배 방식을 변경하기 위해 새로운 조직을 만들어 내거나 근본적으로 조직구조 및 운영형태를 바꿔나가는 행위를 의미한다. 경영자적 리더가 수행해야 할 과업을 살펴보면, 과업 환경에서의 불확실성을 감소시키고, 조직 내 자신의 세력을 확장시키며, 자신이 취한 권력의 제도화를 통해 조직 안정화를 추구하게 된다.

4. 리더십 활용을 통한 정치적 리더의 역할과 리더십의 기능

일찍이 터커(R. C. Tucker)는 정치적 환경에서의 리더십은 어떤 조직 및 환경상의 문제 상황이 발생했을 때 비로소 두각을 드러낸다고 보았다. 그 상황에서 리더는 자신의 리더십을 통해 해당 상황의 본질을 올바르게 해석되거나 정의해야 한다. 이와 관련하여 터커는 조직 내 문제해결자(problem solver)로서의 리더의 기능을 강조했다. 그리고 그는 정치적 리더가 구체적으로 이행해야 할 기능을 진단(diagnosis) 기능, 처방(prescriptive) 기능, 동원(mobilization) 기능으로 정리했다.

첫째, 정치적 리더의 진단 기능에서는 리더가 조직을 위해 상황을 정확하고도 신속하게 파악하고자 자신이 가진 권한을 적절하게 활용하여 그 본질을 정확하게 규정하는 행동이 기대된다. 둘째, 처방 기능은 문제해결을 위한 규칙, 제도, 정책 등을 형성하는 기능이라고도 할 수 있다. 현재 상황의 문제점을 해결하기 위해 조직이 취해야 할 행동을 처방해 주거나 조직 전체가 취할 수 있는 행동에 대한 방안을 제시하는 것이다. 셋째, 동원 기능은 리더가 자신이 주도하는 조직이 처한 상황을 규정하고 본인이 처방한 행동계획에 대한 조직구성원들의 전폭적인 지지를 획득하는 것이다. 결국 동원 기능은 구체적인 정책 수행 기능이라고도 할 수 있다.

이처럼 정치리더십 활용을 통한 리더의 역할은 리더

십의 다양한 기능적 측면의 효과성을 정확하게 인식할 때 구체화된다. 조직 내 자신감이 부족한 구성원들에게서 조직에 필요한 의사결정권을 위임받는 과정은 항상 원활한 의사소통을 전제로 한다. 리더십에서 이 같은 과정이 생략될 경우, 리더는 자신의 의견을 피력함에 있어서 조직구성원들의 저항에 직면할 수 있다. 그렇게 되면 업무 효율성도 자연스럽게 떨어질 수밖에 없다.

리더는 자신만이 지닌 리더십 능력을 인정받아 여러 가지 권력이나 권한을 위임받았다고 하더라도 꾸준한 학습과 연구 활동, 자기훈련을 통해 조직구성원들에게서 위임받은 권력과 권한을 현명하게 사용할 수 있어야 한다. 그리고 리더십 이행 과정에서의 리더의 이러한 노력은 자연스럽게 조직구성원의 신뢰감을 높이고, 조직 내 과업에 그들의 열정을 불어넣게 하는 계기를 마련할 수 있다.

정치리더십을 실천하는 과정에서 리더는 무엇보다도 조직구성원들의 서로 다른 이해관계를 파악하고, 이를 조직 고유의 문화와 구조에 맞게 조직 내 자원 관련 배분 원칙에 적절히 적용할 수 있는 역량을 키워야 한다. 대부분의 정치활동에서는 고정되고 정해진 자원을 어떻게 조직구성원들에게 적절하게 배분하느냐가 리더십의 정당성을 결정하는데 중요하게 작용한다. 또한 리더는 일방적으로 권력 행사만을 추구하기보다는 자신을 따르는 조직 내 여러 구성원들과 아이디어를 공유하고, 그들을 의사결정에 참여하게 함으로써 조직에 위협을 가할지도 모르는 환경적 위험에 대비할 수 있어야 한다. 이 같은 리더의 행위는 조직구성원들에게 신뢰감을 줄 수 있다. 결국 정치리더십의 성공적인 수행을 위해서는 리더가 조직을 운영하는 과정에서 꾸준하면서도 다양한 노력을 기울여야 한다.

9장

리더십과 갈등관리

리더십과 상호작용

9 리더십과 갈등관리

○○●○○

1. 갈등의 개념적 속성과 발생원인 및 결과

조직 내에서 발생하는 갈등은 일반적으로 조직구성원이 자신의 과업 수행을 다른 조직구성원이 방해하려고 한다는 사실을 인지하면서부터 시작되기 쉽다. 또한 조직 내 구성원들이 서로 적대관계에 있거나 각자가 공존할 수 없는 양립불가능한 상황에 직면해 있을 때, 동태적으로 변화하면서 진행된다. 조직 내 갈등문제는 오랜 기간 조직 내부에 적층된 문화 형태로 남아있는 경우가 많다. 대부분 조직의 갈등은 자원 획득 과정에서의 경쟁에서 비롯되며, 조직구성원들 사이에서 발생하는 사소한 감정상의 불일치가 갈등문제로 변환되어 외현되기도 한다. 지금까지 이 갈등문제를 바라보는 여러 관점이 연구되어 왔다.

첫째, 갈등을 바라보는 '전통적 관점'은 갈등이 부정적인 것이며 조직 운영에 나쁜 영향을 미친다고 본다.

이 관점에서는 리더는 갈등을 막기 위한 사전 예방적 리더십 발휘를 통해 갈등이 일어나지 않도록 노력해야 한다는 입장을 취하고 있다.

둘째, 갈등과 관련하여 '행동과학적 관점'에 대한 논의도 꾸준하게 진행되어왔다. 이 관점에서는 조직의 관리 능력 부족으로 인해 갈등이 생기는 것이 아니라 서로 다른 개체들이 모여 있는 조직이나 집단이라면 반드시 갈등이 나타날 수밖에 없기 때문에 조직에서 갈등은 완전히 제거될 수는 없는 존재라고 본다. 즉 갈등을 예방하기 위해 비용과 노력을 들이는 행위는 비효율적인 일이기 때문에, 갈등이 발생하더라도 수용하고, 양보하는 수밖에는 별다른 관리 대책이 없다고 주장한다. 그래서 리더가 갈등을 수용하고 유지하는 관리 과정을 통해 때때로 조직에 도움이 될 수 있는 순기능적 측면을 찾으려는 노력을 하게 된다는 입장이다.

셋째, 최근 들어 갈등에 대한 상호작용적 관점에서의 논의가 활발하게 진행되고 있다. 이 관점은 조직 내에서 갈등이 조직 발전의 추진력이 될 수 있을 뿐만 아니라 조직이 과업을 효과적으로 수행하기 위해서는 갈등은 꼭 필요하다는 입장을 보이고 있다. 앞선 행동과학적 관점에서는 갈등이 어쩔 수 없이 존재하게 된다는 입장을 취하고 있다면, 이 상호작용적 관점에서 갈등을 연구한 학자들은 갈등이 반드시 필요하다고 주장하고 있다. 그리고 갈등은 반드시 좋은 것도 아니고, 그렇다고 무조건 나쁜 것도 아니며 상황에 따른 상호작용 과정에서 그 가치가 달라질 수 있다고 논의한다. 즉 갈등은 조직을 활성화시키고 조직의 목표를 효과적으로 달성하게 하는 조직 혁신과 변화의 수단이 될 수 있지만, 한편으로는 갈등이 조직구성원 개인이나 조직의 목표 달성에 방해가 될 수도 있다고 보는 것이다. 만약 조직의 리더가 상호작용적 관점에서 갈등을 관리하는 경우에는 모든 갈등을 억제하거나 제거하기보다는 갈등이 조직에 가져다주는 해로운 점을 최대한 줄이고, 이로운 점을 찾기 위해 노력해야 해야 한다.

일반적으로 조직 내에서 갈등이 발생하게 되면 인간의 이성보다는 감성적인 측면이 더 많이 부각될 수 있다. 따라서 조직의 리더는 다양한 리더십을 활용하여 복잡하고도 미묘한 감정적 갈등 상황까지도 고려할 수 있어야 한다. 사실상 리더의 가장 중요한 역할 중 하나는 조직 운영 과정에서 나타날 수 있는 갈등 상황을 현명하게 해소하는 것이라 할 수 있다.

이 같은 갈등이 발생하는 원인은 다양하다. 이를 정리하면 크게 세 가지로 구분이 가능하다.

첫째, 조직마다 목표로 삼는 내용이 다르기 때문에 갈등이 나타나게 된다. 조직 내 하위조직들조차도 외부 환경변화에 대응하기 위해 각자 다양한 계획들을 세우게 되는데, 조직 전체와 하위조직 간 추구하는 목표가 서로 다른 입장일 때가 있다. 세부적인 업무에 대한 이해관계가 대립할 경우, 이를 조정하는 과정에서 조직 내부에 갈등이 발생할 수도 있다.

둘째, 조직이 과업을 진행하는 과정에서 상호의존 관계에서 드러나는 인식 차이로 인해 갈등이 일어나게 된다. 과업 진행 과정에서 나타나는 조직 내 상호의존(interdependence) 현상은 전체 조직체의 과업을 달성하기 위해 두 개의 하위조직이 서로에게 의존하는 모습을 의미한다. 이를 구체적으로 정리하면 다음과 같다. 먼저 해당 하위조직들은 비교적 독립적으로 활동하지만, 조직 전체의 목표 달성을 위해 두 조직의 과업을 합치는 연합상호의존(pooled interdependence)이 있다. 또한 한쪽 조직의 산출물이 상대방 조직에 투입되는 연쇄상호의존(sequential interdependence)과 각 조직이 산출한 결과나 정보가 수시로 상대방 조직으로 전달되면서 유기적인 협력관계를 이루는 왕래상호의존(reciprocal interdependence)이 있다. 이 같은 여러 가지 형태의 상호의존 관계를 바탕으로 리더는 하위조직 간 상호의존 정도에 따른 갈등 관계를 미연에 방지하기 위해 조직 내에서 리더십을 어떻게 적용해야 할지를 결정하게 된다.

셋째, 조직이 과업을 수행하는 과정에 필요한 인적, 물적 자원이 제한되는 상황이 벌어지면 갈등 관계에 놓일 수밖에 없다. 왜냐하면 부족한 해당 자원을 확보하기 위해 하위조직 간 경쟁은 불가피하기 때문이다.

결국 이러한 갈등 관계는 조직에 다양한 영향을 미치게 된다. 갈등의 발생으로 인한 결과는 대부분 부정적인 영향이지만, 한편으로는 긍정적인 영향이 있기도 하다.

먼저 조직 내에서 발생하는 갈등의 부정적인 결과를 살펴보자.

첫째, 조직 내 갈등이 발생한 후, 이를 봉합하는 과정에서 자칫 독재적인 리더가 등장할 수 있다. 갈등 관계를 신속하게 정리하여 조직 운영의 효율성을 추구하려는 노력의 일환으로 이 같은 성격의 리더가 나타날 수 있는 것이다. 또한 집단 내 한정된 자원을 두고 경쟁이 벌어지는 갈등 관계로 인해 집단 내 구성원 간 응집성이 약화될 수도 있다. 결국 리더는 조직 내 갈등을 줄이기 위해 여러 가지 원칙을 강조하게 됨으로써 조직 운영이 점차 경직되고 조직구성원 간 인간적인 상호작용이 감소하는 결과를 낳게 된다.

둘째, 조직의 외적인 측면에서 갈등이 초래하는 부정적인 결과를 살펴보면, 갈등이 발생한 후 조직 간 협업에서의 호혜적 관계성이 자칫 약화될 수 있으며, 이로 인해 상호작용이 줄어들 수 있다. 또한 상호관계를 맺고 있는 상대방 조직의 부정적인 측면이 중점적으로 부각되어 의사소통 과정을 통해 충분히 해결이 가능한 문제들이 협의점을 찾지 못한 상태로 남을 수도 있다. 이는 곧 조직 상호 간 서로를 적대시하는 문화가 자리 잡게 될 수도 있다는 의미이다.

반면 조직에서 발생한 갈등이 긍정적인 결과를 가져오기도 한다.

첫째, 조직 내에서 갈등이 발생한 후, 갈등을 해소하기 위해 조직 내 질서가 더 혁신적으로 변화하기도 한다. 기존의 조직 운영 방식과 조직문화가 현재의 갈등문제를 야기했기 때문에 리더는 기존의 조직 질서를 반드시 재편해야 하는 상황에 직면하게 되는 것이다. 또한 어떤 한 가지 갈등을 해결하는 과정에서 다른 갈등문제까지 함께 논의될 가능성이 높기 때문에 문제해결 후 구성원의 다른 요구와 욕구까지 충족될 수 있는 효과를 얻을 수 있다. 이 같은 의미에서 적절한 갈등은 조직 내 건전한 경쟁을 유도하고, 과업 수행 과정에서의 위험 요소를 사전에 차단해주는 기능을 하기도 한다.

둘째, 조직의 외적인 측면에서 갈등의 발생으로 나타나는 긍정적인 결과를 살펴보면, 외부 조직과의 갈등으로 인해 내부 조직구성원들의 결속력이 더 강화되는 계기가 마련될 수 있다. 이해관계를 같이 할 수밖에 없는 조직구성원들은 상호관계 속에서 자신에게 필요한 성과를 획득하고 타 조직과의 경쟁 구도에서 승자가 되기 위해 서로 뭉쳐서 단결력을 보여주게 되는 것이다.

2. 갈등문제의 해결 방법

1) 갈등문제의 일반적 해결 방법

지금까지 살펴본 바와 같이 조직에서 발생하는 다양한 갈등은 조직 내·외적으로 긍정적인 결과와 부정적인 결과를 함께 야기하게 된다. 갈등문제를 해결하기 위한 구체적인 방법으로는 대면적 커뮤니케이션을 통해 갈등 당사자의 갈등 발생 원인을 찾고 이를 조정하는 방법이 있다. 또한 갈등 당사자 간 또는 갈등을 일으킨 하위조직 간 갈등의 주요 쟁점을 넘어서는 상위조직의 목표를 리더가 설정하고, 해당 목표의 달성을 위해서 갈등 당사자들을 독려하는 방법이 있다. 더불어 조직의 리더가 갈등 관계에 있는 당사자들이 함께 위협을 느낄 수 있는 외부의 적을 상정하여 긴장 관계를 유지함으로써 그들로 하여금 이에 공동대처할 수 있는 기회를 열어주어 갈등을 봉합하는 방법도 있다.

하지만 무엇보다 근본적인 갈등문제 해결 방법은 갈등의 원인이 주로 자원 부족으로 인해 형성된 경쟁 관계 때문이라는 것을 인식하고, 조직구성원들이 경쟁하지 않고 함께 자원을 획득할 수 있도록 조직 내 자원을 확충해주어야 한다. 즉 조직구성원에게 여러 가지 기회를 확보해주는 리더십을 발휘해야 하는 것이다. 이를 위해서는 그동안 갈등문제를 유발한 것으로 판단되는 규정이나 절차를 조정, 수정하고, 조직 내 구성원들의 권력 및 권한 관계를 재정비해야 한다.

2) 갈등문제 해결의 이론적 논의 : 루블과 토마스의 갈등 해결 방법

집단 및 조직에서 발생하는 갈등문제에 관심을 보인 루블과 토마스(T. L. Ruble & K. W. Thomas)는 갈등 해결 방법과 관련하여 상대방 갈등 당사자를 만족시켜 주려는 노력의 협력성(cooperativeness)과 자신의 관심사를 충족시키고자 하는 독단성(assertiveness)이라는 두 개의 차원을 구분축으로 구성하여 각각의 정도에 따라 협조(collaborating), 경쟁(competing), 회피(avoiding), 수용(accommodating), 타협(compromising)의 다섯 가지 범주의 갈등 해결 방법을 논의했다. 이를 그림으로 정리하면 [그림 9-1]과 같다.

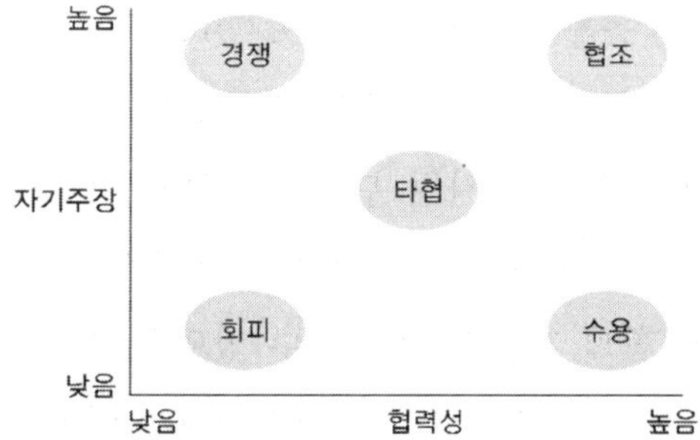

[그림 9-1] 루블과 토마스의 갈등 해결 방법

자료 : 김태열 · 이덕로(2019), Ruble & Thomas(1976), Shani, Chandler, Coget & Lau(2009).

첫째, '협조'는 높은 수준의 협력성과 높은 자기주장의 형태를 띠는 갈등 해결 방법으로 갈등 당사자 간 관심사를 모두 만족시키고자 하는 행위이다. 이 방법에서는 조직구성원들이 통합적인 해결안을 찾기 위해 노력하며, 양측의 관심사가 모두 중요하기 때문에 갈등을 일으키는 문제의 본질을 함께 논의하여 해결해나간다.

둘째, '경쟁'은 낮은 협력성과 높은 자기주장 정도가 맞닿아 진행되는 갈등 해결 방식이다. 갈등 당사자들은 상대방을 압도하여 자신의 주장을 관철하기 위해 조직 내 여러 가지 권력, 권한 등을 동원하여 단정적이면서 비협력적인 갈등 해결 방식을 추구하게 된다.

셋째, '회피'는 낮은 협력성 및 자기주장의 정도로 갈등을 해결하려는 방법이다. 갈등 당사자들은 되도록 서로 갈등문제를 다루지 않겠다고 생각하고, 갈등을 연기시키거나 회피함으로써 비협력적인 방식으로 갈등 해결이 이루어진다. 이 경우 갈등 당사자들이 얻게 되는 자원은 양쪽 모두 없을 가능성이 높다.

넷째, '수용'은 높은 협력성과 낮은 자기주장의 정도가 만나서 갈등문제의 본질을 받아들이거나 적응하면서 갈등을 해결하는 방식이다. 이 경우 갈등 당사자들은 자신의 관심사나 목표를 포기하고, 상대방 갈등 당사자의 관심사를 만족시키면서 갈등을 해결하게 된다. 주로 갈등문제에 직면했을 때 타 조직과의 관계 유지가 더 중요하다는 판단하에 진행되는 갈등 해결 방법이다.

다섯째, '타협'은 중간 정도의 협력과 자기주장의 형태로 갈등을 해결하려는 방법이다. 갈등당사자 간 상호교환과 양보를 통해 자신의 관심사와 목표를 부분적으로 충족해 나가는 방식으로 갈등 관계가 해결된다. 따라서 갈등 해결 과정에서 분명한 승자도 패자도 없다. 단 이 방법은 갈등 당사자가 어떤 자원을 일정 부분 포기할 의사가 있을 때 성립될 수 있다.

3. 갈등관리 단계와 리더십

갈등관리와 관련하여 리더의 목표는 갈등을 예방하고 해결하며, 해당 갈등이 반복되지 않도록 적절한 조치를 취하는 것이다. 리더의 갈등관리는 다양한 갈등으로 인해 발생할 수 있는 조직 내 유·무형의 비용을 절감하고, 조직이 추구하는 성과를 극대화하여 조직구성원의 업무 만족도를 높이는 것을 목적으로 한다. 일반적으로 조직에서의 리더십에 의한 갈등관리 단계를 살펴보면 다음의 세 단계로 구분하여 설명할 수 있다.

첫째, 갈등에 대한 예방단계이다. 이 단계에서는 먼저 리더가 갈등 발생 가능성이 나타날 수 있는 조직 내 하위집단을 점검하고, 갈등 발생의 여지가 있는 부분을 정확하게 파악한다. 그리고 조직구성원들에게 적절한 원칙과 기준을 전달하고, 관련 정보를 공유하여 갈등 발생의 여지를 최소화한다.

둘째, 갈등에 대한 해결단계이다. 앞서 구체적인 갈등 해결 방법에서 설명한 바와 같이 이 갈등관리 단계에서는 갈등 당사자들이 어떤 사안에 대해서 큰 불만을 가질 수 없도록 공정성 여부를 가릴 수 있는 리더십 실현이 중요하다. 리더는 신속하게 갈등을 조정하고 해소한 후 갈등으로 인한 후유증이 남지 않도록 갈등 당사자들을 다독이는 리더십을 보여야 한다.

셋째, 갈등이 반복되지 않도록 후속 조치를 시행하는 단계이다. 조직 운영 과정에서는 항상 갈등이 나타나기 마련이다. 중요한 것은 리더가 리더십을 발휘하여 같은 종류의 갈등이 반복되지 않도록 갈등을 해결한 후 적절한 조치를 할 수 있어야 한다는 점이다. 결국 이 단계는 기존 갈등 발생의 원인과 시작점, 그리고 잠재적 문제점들을 파악하여 정기적으로 점검하고, 조직구성원으로부터 적절한 피드백을 받아서 지속가능하게 갈등을 관리하는 단계라 할 수 있다.

참고문헌

국내문헌

강정애 · 태정원 · 양혜현 · 김현아 · 조은영(2016). 리더십론. 시그마프레스.

구자억 · 유홍위 · 유연웅 · 안수진 · 최선애(2019). 인성과 리더십: 4차 산업혁명시대 스워라밸. 양서원.

권기헌(2011). 행정학원론. 학림.

김대규 · 권경택 · 김승묵(2006). 교양인을 위한 리더십. 학문사.

김성수(2011). 21세기 글로벌 리더십 개발. 탑북스.

김영식(1999). 행정학(논점). 대명출판사.

김영화(2011). 조직 · 비조직 통합리더십. 높은오름.

김원형(2009). 조직심리와 행동의 이해. 시그마프레스.

김윤호(2019). 리더십의 이해. 형설출판사.

김태열 · 이덕로(2019). 4차 산업혁명시대와 리더십. 피앤씨미디어.

민웅기(2021). 현대사회의 의사소통과 인간관계의 구도. 기문사.

박연호 · 이종호 · 임영제(2018). 현대인간관계론(제10판). 박영사.

박종훈 · 박경아(2001). 리더십과 followership간의 적합성이 조직유효성에 미치는 효과: 변혁적 리더십과 거래적 리더십 비교. 인사관리연구, 24(2), 87-115.

신구범(2013). 리더십의 이론과 실제. 형설출판사.

신응섭 · 이재윤 · 남기덕 · 문양호 · 김용주 · 고재원(2011). 리더십의 이론과 실제. 학지사.

오미영 · 정인숙(2020). 커뮤니케이션 핵심 이론: 알기 쉬운 커뮤니케이션 길라잡이. 커뮤니케이션북스.

윤대혁(2010). 인간관계와 커뮤니케이션. 탑북스.

이관응(2001). 신뢰경영과 서번트 리더십: 일하기에 가장 훌륭한 포천 100대 기업의 리더십 비결. 엘테크.

이광자 · 고성희 · 이 숙 · 김경희 · 민소영 · 최윤정 · 이경희 외(2014). 인간관계와 의사소통의 실제. 신광출판사.

이성태(2017). 인간관계론(제3판). 양성원.

이수용(2002). 인간관계의 심리. 학지사.

이종인 · 독고순 · 김인국(1999). 군 리더십. 한국국방연구원.

이창순(1997). 조직이론: 사회조직의 제관점. 박영사.

이태연(2014). 인간관계 심리학. 신정.
이학희(2019). 기업경영 리더십: 기업의 생존과 발전을 위한 리더의 사고와 행동. 청람.
이한검 · 이수광(2000). 인간관계. 형설출판사.
임창희 · 홍용기(2019). 리더십: 경영과 행정의 이론과 실제(제2판). 비앤엠북스.
임혜경 · 김송이 · 이금진 · 이 현(2012). 인간관계론. 양서원.
정우일(2006). 공공조직론: 공 · 사조직의 비교. 박영사.
정우일 · 박선경 · 박희봉 · 배귀희 · 양승범 · 이영균 · 이희창 · 하재룡 · 하현상 · 황성수(2017). 리더와 리더십. 박영사.
정진선 · 문미란(2011). 인간관계의 심리: 이론과 실제(제3판). 시그마프레스.
정태연(2022). 대인관계와 의사소통의 심리학. 학지사.
조성종(2002). 서비스지향적 리더십과 인간관계. 두남.
지용근 · 김옥희 · 김희수 · 김병숙(2007). 인간관계론. 박영사.
차대운 · 안춘복(2009). (성공적 삶을 위한) 인간관계론. 대명.
최무현(2013). 리더십 입문 이론과 실제. 소통과공감.
탁진국 · 손주영(2017). 리더십: 이론과 실제. 학지사.
하상군 · 장문학(2010). 행정학개론. 대영문화사.
한국산업사회학회(편저)(2004). 사회학. 한울.
한형서(2021). 리더십의 이해. 비앤엠북스.
홍두승 · 구해근(1993). 사회계층 · 계급론. 다산출판사.
홍정기(2009). (불확실성시대의) 조직형 리더십. 푸른사상.

국외문헌

Adler, R. B., & Proctor, R. F. (2015). 인간관계와 의사소통의 심리학(정태연 역). 교육과학사. (원서출판 2013)
Allport, G. W. (1968). The historical background of modern social psychology. In G. Lindzey, & E. Aronson (Eds.), *The handbook of social psychology* (2nd ed., Vol. 1, pp. 1-80). Addison-Wesley.
Altman, I., & Taylor, D. A. (1973). *Social penetration: The development of interpersonal relationships.* Holt, Rinehart & Winston.

André, R. (2008). *Organizational behavior: An introduction to your life in organizations*. Pearson Prentice Hall.

Aronson, E., Brewer, M., & Carlsmith, J. M. (1985). Experimentation in social psychology. In G. Lindzey, & E. Aronson (Eds.), *The handbook of social psychology* (3rd ed., Vol. 1, pp. 441–486). Random House.

Asch, S. E. (1955). Opinions and social pressure. *Scientific American*, 193(5), 31–35.

Avolio, B. J., & Bass, B. M. (1988). Transformational leadership, charisma, and beyond. In J. G. Hunt, B. R. Baliga, H. P. Dachler, & C. A. Schriesheim (Eds.), *Emerging leadership vistas* (pp. 29–49). Lexington Books.

Barbalet, J. M. (2007). 감정의 거시사회학: 감정은 사회를 어떻게 움직이는가?(박형신 · 정수남 공역). 일신사. (원서출판 1998)

Barnard, C. I. (1938). *The functions of the executive*. Harvard University Press.

Baron, R. A. (1989). Personality and organizational conflict: Effects of the type A behavior pattern and self-monitoring. *Organizational Behavior and Human Decision Processes*, 44(2), 281–296.

Bass, B. M. (1985). *Leadership and performance beyond expectations*. Free Press.

Baumeister, R. F. (1982). A self-presentational view of social phenomena. *Psychological Bulletin*, 91(1), 3–26.

Beck, U. (1986). *Risikogesellschaft: Auf dem weg in eine andere moderne*. Suhrkamp.

Berk, M. S., & Andersen, S. M. (2000). The impact of past relationships on interpersonal behavior: Behavioral confirmation in the social-cognitive process of transference. *Journal of Personality and Social Psychology*, 79(4), 546–562.

Berlew, D. E., & Heller, D. (1983). Style flexibility: Tools for successful leaders. *Legal Economics*, 9(6), 34–37.

Blau, P. M. (1964). *Exchange and power in social life*. John Wiley.

Blumer, H. (1969). *Symbolic interactionism: Perspective and method*. Prentice-Hall.

Bokek-Cohen, Y., Peres, Y., & Kanazawa, S. (2008). Rational choice and evolutionary psychology as explanations for mate selectivity. *Journal of Social, Evolutionary, and Cultural Psychology*, 2(2), 42-55.

Bond, M. H., & Forgas, J. P. (1984). Linking person perception to behavior intention across cultures: The role of cultural collectivism. *Journal of Cross-Cultural Psychology*, 15(3), 337-352.

Bourdieu, P. (1984). *Distinction: A social critique of the judgement of taste* (R. Nice, Trans.). Routledge & Kegan Paul.

Boyer, G. B. (1999). *Turning points in the development of male servant-leaders* [Unpublished doctoral dissertation]. The Fielding Institute.

Brown, J. D. (1998). *The self*. McGraw-Hill.

Brown, M. E., Treviño, L. K., & Harrison, D. A. (2005). Ethical leadership: A social learning perspective for construct development and testing. *Organizational Behavior and Human Decision Processes*, 97(2), 117-134.

Brown, R. J., & Turner, J. C. (1981). Interpersonal and intergroup behavior. In J. C. Turner, & H. Giles (Eds.), *Intergroup behavior* (pp. 33-65). Blackwell.

Burns, J. M. (2000). 리더십 강의(한국리더십연구회 역). 생각의나무. (원서출판 1978)

Burton, G., & Dimbleby, R. (2005). 인간관계와 의사소통(이주행 외 공역). 한국문화사. (원서출판 1988)

Caddick, B. (1982). Perceived illegitimacy and intergroup relations. In H. Tajfel (Ed.), *Social identity and intergroup relations* (pp. 137-154). Cambridge University Press.

Cartwright, D. (1965). Influence, leadership, control. In J. G. March (Ed.), *Handbook of organizations* (pp. 1-47). Rand McNally.

Castells, M. (1996). *The rise of the network society*. Blackwell.

Cate, R. M., Lloyd, S. A., & Long, E. (1988). The role of rewards and fairness in developing premarital relationships. *Journal of Marriage and Family*, 50(2), 443-452.

Chang, R. Y. (1996). 최고의 팀 만들기 4단계(이상욱 외 공역). 21세기북스. (원서출판 1994)

Chung, K. H., & Megginson, L. C. (1981). *Organizational behavior: Developing managerial skills*. Harper & Row.

Cialdini, R. B., Brown, S. L., Lewis, B. P., Luce, C., & Neuberg, S. L. (1997). Reinterpreting the empathy-altruism relationship: When one into one equals oneness. *Journal of Personality and Social Psychology*, 73(3), 481-494.

Cialdini, R. B., Vincent, J. E., Lewis, S. K., Catalan, J., Wheeler, D., & Darby, B. L. (1975). Reciprocal concessions procedure for inducing compliance: The door-in-the-face technique. *Journal of Personality and Social Psychology*, 31(2), 206-215.

Clark, R. D. (1990). Minority influence: The role of argument refutation of the majority position and social support for the minority position. *European Journal of Social Psychology*, 20(6), 489-497.

Conger, J. A., & Kanungo, R. N. (1987). Toward a behavioral theory of charismatic leadership in organizational settings. *The Academy of Management Review*, 12(4), 637-647.

Cooley, C. H. (1902). *Human nature and the social order*. Charles Scribner's Sons.

Cooley, C. H. (1909). *Social organization: A study of the larger mind*. Charles Scribner's Sons.

Daft, R. L. (1999). *Leadership: Theory and practice*. Dryden Press.

Daft, R. L. (2008). *The leadership experience* (4th ed.). Thomson /South-Western.

Davis, K. (1953). *Management communication and the grapevine*.

Graduate School of Business Administration, Harvard University.

Davison, G. C., & Neale, J. M. (1986). *Abnormal psychology: An experimental clinical approach* (2nd ed.). John Wiley & Sons.

Denison, D. R., & Mishra, A. K. (1995). Toward a theory of organizational culture and effectiveness. *Organization Science*, 6(2), 204–223.

DePaulo, B. M., Brown, P. L., Ishii, S., & Fisher, J. D. (1981). Help that works: The effects of aid on subsequent task performance. *Journal of Personality and Social Psychology*, 41(3), 478–487.

Dessler, G. (1980). *Organization theory: Integrating structure and behavior*. Prentice–Hall.

Dienesch, R. M., & Liden, R. C. (1986). Leader–member exchange model of leadership: A critique and further development. *The Academy of Management Review*, 11(3), 618–634.

Drath, W. H., & Palus, C. J. (1994). *Making common sense: Leadership as meaning–making in a community of practice*. Center for Creative Leadership.

Dweck, C. S. (2000). *Self–theories: Their role in motivation, personality*, and development. Psychology Press.

Edinger, L. J. (1976). *Political leadership in industrialized societies: Studies in comparative analysis*. R. E. Krieger.

Einhorn, H. J., & Hogarth, R. M. (1981). Behavioral decision theory: Processes of judgement and choice. *Annual Review of Psychology*, 32, 53–88.

Etzioni, A. (1961). *A comparative analysis of complex organi–zations: On power, involvement, and their correlates*. Free Press.

Fenigstein, A., & Carver, C. S. (1978). Self–focusing effects of heartbeat feedback. *Journal of Personality and Social Psychology*, 36(11), 1241–1250.

Fiedler, F. E. (1967). *A theory of leadership effectiveness*. McGraw–Hill.

French, J. R. P., & Raven, B. H. (1959). The bases of social power. In D. Cartwright (Ed.), *Studies in social power* (pp. 150–167). Institute for Social Research.

Froming, W. J., & Carver, C. S. (1981). Divergent influences of private and public self-consciousness in a compliance paradigm. *Journal of Research in Personality*, 15(2), 159–171.

Gardner, J. W. (1990). *On leadership*. Free Press.

Geen, R. G. (1991). Social motivation. *Annual Review of Psychology*, 42, 377–399.

Geier, J. G. (1967). A trait approach to the study of leadership in small groups. *Journal of Communication*, 17(4), 316–323.

George, J. M., & Jones, G. R. (2008). *Understanding and managing organizational behavior* (5th ed.). Pearson Prentice Hall.

Gordon, J. R. (1999). *Organizational behavior: A diagnostic approach* (6th ed.). Prentice Hall.

Graves, C. W. (1974). Human nature prepares for a momentous leap. *The Futurist*, 8(2), 72–87.

Greenberg, J., & Baron, R. A. (2008). *Behavior in organizations*. Pearson Prentice Hall.

Hackman, J. R., & Walton, R. E. (1986). Leading groups in organizations. In P. S. Goodman (Ed.), *Designing effective work groups* (pp. 72–119). Jossey-Bass.

Hall, R. H. (1999). 현대조직론(고종욱 역). 한울출판사. (원서출판 1999)

Hamilton, V. L. (1978). Obedience and responsibility: A jury simulation. *Journal of Personality and Social Psychology*, 36(2), 126–146.

Harvey, D. (1973). *Social justice and the city*. John Hopkins University Press.

Hater, J. J., & Bass, B. M. (1988). Superiors' evaluations and subordinates' perceptions of transformational and transac–

tional leadership. *Journal of Applied Psychology*, 73(4), 695–702.

Heberle, R. (1968). Types and functions of social movements. In D. L. Sills (Ed.), *International encyclopedia of the social sciences* (Vol. 14, pp. 438–444). Macmillan.

Heine, S. J., & Lehman, D. R. (1997). Culture, dissonance, and self-affirmation. *Personality and Social Psychology Bulletin*, 23(4), 389–400.

Hemphill, J. K., & Coons, A. E. (1957). Development of the leader behavior description questionnaire. In R. M. Stogdill, & A. E. Coons (Eds.), *Leader behavior: Its description and Measurement* (pp. 6–38). Bureau of Business Research, Ohio State University.

Herold, G. (2016). *Leadership in the fourth industrial revolution*. Stanton Chase. https://www.stantonchase.com/stanton-chase-leadership-in-the-fourth-industrial-revolution/

Hickson, D. J., Hinings, C. R., Lee, C. A., Schneck, R. E., & Pennings, J. M. (1971). A strategic contingencies' theory of intraorganizational power. *Administrative Science Quarterly*, 16(2), 216–229.

Higgins, E. T. (1987). Self-discrepancy: A theory relating self and affect. *Psychological Review*, 94(3), 319–340.

Hochschild, A. R. (1979). Emotion work, feeling rules, and social structure. *American Journal of Sociology*, 85(3), 551–575.

Hofstede, G. (1980). *Culture's consequences: International differences in work-related values*. Sage.

Hooijberg, R., & Petrock, F. (1993). On cultural change: Using the competing values framework to help leaders execute a transformational strategy. *Human Resource Management*, 32(1), 29–50.

House, R. J. (1971). A path goal theory of leader effectiveness. *Administrative Science Quarterly*, 16(3), 321–339.

House, R. J. (1977). A 1976 theory of charismatic leadership. In J. G. Hunt, & L. L. Larson (Eds.), *Leadership: The cutting edge* (pp. 189–207). Southern Illinois University Press.

House, R. J., Hanges, P. J., Ruiz-Quintanilla, S. A., Dorfman, P. W., Falkus, S. A., & Ashkanasy, N. M. (1999). Cultural influences on leadership and organizations: Project Globe. In W. H. Mobley, M. J. Gessner, & V. Arnold (Eds.), *Advances in global leadership* (Vol. 1, pp. 171–233). JAI Press.

House, R. J., & Mitchell, T. R. (1974). Path-goal theory of leadership. *Journal of Contemporary Business*, 3(4), 81–97.

Jacobs, T. O., & Jaques, E. (1990). Military executive leadership. In K. E. Clark, & M. B. Clark (Eds.), *Measures of leader-ship* (pp. 281–295). Leadership Library of America.

Jago, A. G. (1982). Leadership: Perspectives in theory and research. *Management Science*, 28(3), 315–336.

Janis, I. L. (1972). *Victims of groupthink: A psychological study of foreign-policy decisions and fiascoes*. Houghton Mifflin.

Janis, I. L. (1982). *Groupthink: Psychological studies of policy decisions and fiascoes* (2nd ed.). Houghton Mifflin.

Johnson, D. W. (1967). Use of role reversal in intergroup competition. *Journal of Personality and Social Psychology*, 7(2), 135–141.

Judge, T. A., Bono, J. E., Ilies, R., & Gerhardt, M. W. (2002). Personality and leadership: A qualitative and quantitative review. *Journal of Applied Psychology*, 87(4), 765–780.

Kanungo, R. N., & Mendonca, M. (1996). *Ethical dimensions of leadership*. Sage.

Katz, D., & Kahn, R. L. (1978). *The social psychology of organizations* (2nd ed.). Wiley.

Katz, E., & Lazarsfeld, P. F. (1955). *Personal influence: The part played by people in the flow of mass communications*. Free Press.

Kiechel, W. (1992). The leader as servant. *Fortune*, 125(9), 121–122.

Knapp, M. L., & Vangelisti, A. L. (2009). *Interpersonal communication and human relationships* (6th ed.). Pearson Allyn & Bacon.

Knee, C. R. (1998). Implicit theories of relationships: Assessment and prediction of romantic relationship initiation, coping, and longevity. *Journal of Personality and Social Psychology*, 74(2), 360-370.

Kotter, J. P. (2003). 변화의 리더십(신태균 역). 21세기북스. (원서 출판 1990)

Kuhnert, K. W., & Lewis, P. (1987). Transactional and transformational leadership: A constructive/developmental analysis. *The Academy of Management Review*, 12(4), 648-657.

Kulik, J. A., & Mahler, H. I. M. (1989). Stress and affiliation in a hospital setting: Preoperative roommate preferences. *Personality and Social Psychology Bulletin*, 15(2), 183-193.

Lamberton, L. H., & Minor-Evans, L. (1995). *Human relations: Strategies for success*. Irwin/Mirror Press.

Lasswell, H. D. (1948). The structure and function of communication in society. In L. Bryson (Ed.), *The communication of ideas* (pp. 37-51). Harper.

Ledford, G. E., Jr., Wendenhof, J. R., & Strahley, J. T. (1995). Realizing a corporate philosophy. *Organizational Dynamics*, 23(3), 5-19.

Levine, J. M., & Moreland, R. L. (1998). Small groups. In D. T. Gilbert, S. T. Fiske, & G. Lindzey (Eds.), *The handbook of social psychology* (4th ed., pp. 415-469). McGraw-Hill.

Levine, J. M., & Ranelli, C. J. (1978). Majority reaction to shifting and stable attitudinal deviates. *European Journal of Social Psychology*, 8(1), 55-70.

Lewis, E. (1986). The political leader as entrepreneur. In B. Kellerman (Ed.), *Political leadership: A source book* (pp. 250-264). University of Pittsburgh Press.

Manz, C. C., & Neck, C. P. (1999). *Mastering self-leadership: Empowering yourself for personal excellence* (2nd ed.). Prentice Hall.

Manz, C. C., & Sims, H. P., Jr. (1990). *SuperLeadership: Leading others to lead themselves*. Berkley Books.

Manz, C. C., & Sims, H. P., Jr. (1991). SuperLeadership: Beyond the myth of heroic leadership. *Organizational Dynamics*, 19(4), 18-35.

McCauley, C. (1989). The nature of social influence in groupthink: Compliance and internalization. *Journal of Personality and Social Psychology*, 57(2), 250-260.

McClelland, D. C. (1961). *The achieving society*. Free Press.

McDonald, P., & Gandz, J. (1992). Getting value from shared values. *Organizational Dynamics*, 20(3), 64-77.

Milgram, S. (1963). Behavioral study of obedience. *The Journal of Abnormal and Social Psychology*, 67(4), 371-378.

Milgram, S. (1965). Some conditions of obedience and disobedience to authority. *Human Relations*, 18(1), 57-76.

Milgram, S. (1974). *Obedience to authority: An experimental view*. Harper & Row.

Mintzberg, H. (1990). The manager's job: Folklore and fact. *Harvard Business Review*, 68(2), 163-176.

Mintzberg, H., Kotter, J. P., Zaleznik, A., Badaracco, J., & Farkas, C. (2001). 리더십(현대경제연구원 역). 21세기북스. (원서출판 1998)

Mugny, G. (1982). *The power of minorities* (C. Sherrard, Trans.). Academic Press.

Mullen, B., Anthony, T., Salas, E., & Driskell, J. E. (1994). Group cohesiveness and quality of decision making: An integration of tests of the groupthink hypothesis. *Small Group Research*, 25(2), 189-204.

Murphy, E. C. (1996). 리더십 IQ(이순주 역). 세종서적. (원서출판 1996)

Murray, S. L., Holmes, J. G., & Griffin, D. W. (1996). The

self-fulfilling nature of positive illusions in romantic relationships: Love is not blind, but prescient. *Journal of Personality and Social Psychology*, 71(6), 1155-1180.

Myers, D. G. (1978). Polarizing effects of social comparison. *Journal of Experimental Social Psychology*, 14(6), 554-563.

Nahavandi, A. (2003). *The art and science of leadership* (3rd ed.). Prentice Hall.

Nanus, B. (1992). *Visionary leadership: Creating a compelling sense of direction for your organization*. Jossey-Bas.

Nikoloski, K. (2015). Charismatic leadership and power: Using the power of charisma for better leadership in the enterprises. *Journal of Process Management and New Technologies*, 3(2), 18-27.

Nindyati, A. D. (2013). *Visionary leadership measurement in Indonesia*. In Proceedings of the 8th International Conference on Business and Management Research (ICBMR) in Seoul, South Korea on 7-8 of November, 2013. DOI: 10.13140/RG.2.1.1656.8722

Northouse, P. G. (2019). 리더십: 이론과 실제(제7판, 김남현 역). 경문사. (원서출판 2016)

Northouse, P. G. (2022). 리더십 입문: 개념과 실천(제5판, 이용철 외 공역). 시그마프레스. (원서출판 2021)

Nozick, R. (1993). *The nature of rationality*. Princeton University Press.

Oldham, G. R. (1976). Job characteristics and internal motivation: The moderating effect of interpersonal and individual variables. *Human Relations*, 29(6), 559-569.

Oetting, D. W. (1988). *Motivation und gefechtswert: Vom verhalten des soldaten im kriege*, Report Verlag.

Ouchi, W. G. (1981). *Theory Z: How American business can meet the Japanese challenge*. Addison-Wesley.

Paige, G. D. (1977). *The scientific study of political leadership*. Free Press.

Pascale, R. T., & Athos, A. G. (1981). *The art of Japanese management: Applications for American executives*. Simon & Schuster.

Patterson, K. A. (2003). *Servant leadership: A theoretical model* [Unpublished doctoral dissertation]. Regent University.

Peabody, R. L. (1962). Perceptions of organizational authority: A comparative analysis. *Administrative Science Quarterly*, 6(4), 463–482.

Pettigrew, A. M. (1972). Information control as a power resource. *Sociology*, 6(2), 187–204.

Pettigrew, T. F. (1997). Generalized intergroup contact effects on prejudice. *Personality and Social Psychology Bulletin*, 23(2), 173–185.

Pfeffer, J. (1981). *Power in organizations*. Pitman.

Porter, G. W. (1969). Non-verbal communications. *Training and Development Journal*, 23(6), 3–8.

Postmes, T., Spears, R., & Cihangir, S. (2001). Quality of decision making and group norms. *Journal of Personality and Social Psychology*, 80(6), 918–930.

Putnam, R. D. (1993). The prosperous community: Social capital and public life. *The American Prospect*, 4, 35–42.

Putnam, R. D. (1995). Bowling alone: America's declining social capital. *Journal of Democracy*, 6(1), 65–78.

Rauch, C. F., & Behling, O. (1984). Functionalism: Basis for an alternate approach to the study of leadership. In J. G. Hunt, D. M. Hosking, C. A. Schriesheim, & R. Stewart (Eds.), *Leaders and managers: International perspectives on managerial behavior and leadership* (pp. 45–62). Pergamon Press.

Raven, B. H. (1965). Social influence and power. In I. D. Steiner, & M. Fishbein (Eds.), *Current studies in social psychology* (pp. 371–382). Holt, Rinehart & Winston.

Richards, D., & Engle, S. (1986). After the vision: Suggestions to corporate visionaries and vision champions. In J. D. Adams (Ed.), *Transforming leadership: From vision to results* (pp. 199–214). Miles River Press.

Ritzer, G. (1996). *The McDonaldization of society*. Pine Forge Press.

Robbins, S. P., & Judge, T. A. (2008). *Essentials of organizational behavior* (9th ed.). Pearson Prentice Hall.

Ruble, T. L., & Thomas, K. W. (1976). Support for a two-dimensional model of conflict behavior. *Organizational Behavior and Human Performance*, 16(1), 143-155.

Russell, R. F., & Stone, A. G. (2002). A review of servant leadership attributes: *Developing a practical model. Leadership & Organization Development Journal*, 23(3), 145-157.

Santora, J. C. (2007). Managing "open" employees: Do resources and leadership style matter? *Academy of Management Perspectives*, 21(3), 83-84.

Scheff, T. J. (1988). Shame and conformity: The deference-emotion system. *American Sociological Review*, 53(3), 395-406.

Schein, E. H. (1965). *Organizational psychology*. Prentice-Hall.

Shani, A. B., Chandler, D., Coget, J.-F., & Lau, J. B. (2009). *Behavior in Organizations: An experiential approach* (9th ed.). McGraw-Hill Irwin.

Simon, H. A. (2005). 관리행동론: 조직의 의사결정과정연구(이시원 역). 금정. (원서출판 1997)

Sims, B. J. (1997). *Servanthood: Leadership for the third millennium*. Cowley Publications.

Spears, L. C. (Ed.) (1995). *Insights on leadership: Service, stewardship, spirit, and servant-leadership*. Wiley.

Sprecher, S. (1986). The relation between inequity and emotions in close relationships. *Social Psychology Quarterly*, 49(4), 309-321.

Stogdill, R. M. (1974). *Handbook of leadership: A survey of theory and research*. Free Press.

Swap, W. C. (1977). Interpersonal attraction and repeated exposure to rewarders and punishers. *Personality and Social Psychology Bulletin*, 3(2), 248-251.

Tajfel, H. (1982). *Social identity and intergroup relations*. Cambridge University Press.

Thoits, P. A. (1989). The sociology of emotions. *Annual Review of Sociology*, 15, 317–342.

Triandis, H. C. (1995). *Individualism and collectivism*. Westview Press.

Tucker, R. C. (1981). *Politics as leadership*. University of Missouri Press.

Turner, J. H., & Stets, J. E. (2005). *The sociology of emotions*. Cambridge University Press.

Vogt, J. F., & Murrell, K. L. (1995). 경영혁신 임파워먼트: 세계화를 위한 자율경영전략(김성구 역). 고려원. (원서출판 1990)

Weber, M. (1947). The theory of social and economic organization (T. Parsons, Ed., A. M. Henderson, Trans.). Free Press.

Weber, M. (1989). 카리스마의 지배와 변형. 지배의 사회학(금종우 · 전남석 공역). 한길사. (원서출판 1983)

Weber. M. (1968). *Economy and society: An outline of interpretive sociology* (G. Roth & C. Wittich, Eds., E. Fischoff, Trans.). Bedminster Press.

Weick, K. E., & Roberts, K. H. (1993). Collective mind in organizations: Heedful interrelating on flight decks. *Administrative Science Quarterly*, 38(3), 357–381.

Weihrich, H., Cannice, M. V., & Koontz, H. (2008). *Management: A global and entrepreneurial perspective* (12th ed.). McGraw-Hill.

Weiner, B. (1980). *Human motivation*. Holt, Rinehart & Winston.

Wills, G. (1999). 시대를 움직인 16인의 리더(곽동훈 역). 작가정신. (원서출판 1994)

Young, K. (2009). Understanding online gaming addiction and treatment issues for adolescents. *American Journal of Family Therapy*, 37(5), 355–372.

Yukl, G. (1989). Managerial leadership: A review of theory and research. *Journal of Management*, 15(2), 251–289.

Yukl, G. (1993). 조직과 리더십(김대운 외 공역). 형설출판사.

Yukl, G. (2013). 현대조직의 리더십 이론(제8판, 강정애 외 공역). 시그마프레스. (원서출판 2013)

Yukl, G. (2006). *Leadership in organizations* (6th ed.). Prentice Hall.

Zaccaro, S. J., & Lowe, C. A. (1988). Cohesiveness and performance on an additive task: Evidence for multidimensionality. *The Journal of Social Psychology*, 128(4), 547-558.

찾아보기

〈주요 용어, 개념〉

〈주요 인명, 학자〉

| 민 웅 기

목원대학교 스톡스대학 창의교양학부 교수로 재직하고 있다. 고려대학교 대학원에서 사회학을 전공하여 문학박사 학위를, 한양대학교 대학원에서 관광학박사 학위를 받았다. 고려대학교 아세아문제연구소 연구원, 고려대학교 한국사회연구소 연구원, 덕성여자대학교 연구교수 등을 역임했다. 저서로는 '사이버공간과 문화', '공감의 상호작용을 위한 사회심리학', '포스트모던 시대의 문화콘텐츠와 체험문화', '사회문제의 이해(공저)' 등이 있으며, 번역서로는 '관광과 관광공간(공역, 대한민국 학술원 선정 우수학술도서)' 등이 있다. 사회학, 관광학, 교양교육 등의 학술 영역을 중심으로 융합학문적 논의에 관심을 가지고 연구를 진행하고 있다.

리더십과 상호작용

2023년 10월 10일 초 판 인쇄
2023년 10월 16일 초 판 발행

저 자 민 웅 기
발행인 한 인 환
발행처 도서출판 **기문사**
등 록 1978. 8. 9. NO. 6-0637
주 소 서울시 동대문구 안암로 50-1(용두동) 홍신빌딩 3층
전 화 02) 2265-7214(代)/922-8662~3
팩 스 02) 922-8772

homepage : www.kimoonsa.co.kr
e-mail : book@kimoonsa.co.kr

ISBN : 978-89-7723-964-7 03320

저자와의 협의하에 인지생략

정가 : 12,000원